KB145038

유니티 네트워크 게임 만들기

멀티플레이 게임 제작을 위한

유니티 네트워크 게임 만들기

앨런 스태그너 지음 | 박지유 옮김

[PACKT]
PUBLISHING 에이콘

지은이 소개

앨런 스태그너 Alan R. Stagner

유니티3D 게임 개발에 대한 열정을 지닌 독립 개발자다. 아버지의 영향으로 프로그래밍에 입문한 이래, 그는 다양한 언어를 통해 창조적으로 게임을 개발하는 방법을 탐구해왔다. 최근 유니티 게임 엔진을 접하자마자 바로 빠져든 앨런은 곧바로 멀티플레이어 게임 개발에 매료되었다. 가끔씩 데이터베이스와 서버 프로그래밍에도 손을 대보고 있으며, 주로 PHP와 MySQL부터 최근에는 ASP.NET까지 범위를 넓혔다.

나의 가족과 친구들에게 감사를 표하고 싶다. 내가 프로그래머가 된 건 전적으로 아버지 덕분임은 말할 필요도 없다. 아버지는 내가 프로그래머로서 겪어야 했던 고비마다 변함없이 도움을 주셨다. 그리고 내가 아는 모든 이들이 엄청난 도움을 줬다. 유니티 커뮤니티에 감사를 표하고 싶다. 그들이 없었다면 지금처럼 유니티에 대해서 잘 알지 못했을 것이다. 그리고 이토록 멋진 플랫폼을 제공해주고 나의 첫 번째 멀티플레이어 게임을 이렇게 쉽게 만들 수 있게 해준 유니티 테크놀로지 사에도 감사를 전한다.

기술 감수자 소개

클리포드 챔피언 Clifford Champion

3D 게임과 인터넷 애플리케이션부터 최근에는 기계 학습에 이르기까지 다년간의 경험을 통해 소프트웨어 엔지니어링 분야에 폭넓은 경력을 쌓아왔다. UCLA에서 수학 학위를 받았다. 과거 하복Havok에서 통합 및 지원 엔지니어로 근무한 바 있으며, 플레인조 스튜디오PlainJoe Studios에서 리드 인터랙티브 미디어 및 인터넷 앱 프로그래머로도 일했었다.

현재 교육, 산업, 오락용의 첨단 체감형 인터랙티브 3D 디스플레이를 개발하는 하드웨어/소프트웨어 업체인 제트스페이스zSpace(zspace.com)에서 소프트웨어 팀의 일원으로서, 유니티를 포함한 다양한 게임 엔진과 플랫폼에서 홀로그램과 유사한 경험을 구현하는 데 일익을 담당하고 있다. 트위터 계정 @duckmaestro으로 연락할 수 있으며 어떤 논의든지 환영한다.

파비오 페라라 Fabio Ferrara

게임 개발자로서 2012년 설립된 밀라노Milan 소재의 독립 개발사인 처비 픽셀Chubby Pixel에서 일하고 있다. 이 회사는 사용자에게 최고의 게임 경험을 전달하기 위해 최선의 노력을 다하고 있다. 또한, 팩트출판사의 『Unity iOS Essentials』 등 출간에 공동 참여하기도 했다.

스리람 Sriram. A. S.

인도 푸나Pune에서 살고 있는 소프트웨어 개발자다. 주로 C/C++와 자바로 작업을 한다. 유니티3D는 초창기 버전부터 다뤄왔으며, 증강현실 같은 기능과의 통합과 관련된 코드들을 개발해 왔으며, 그런 코드들을 자신의 기술 블로그(http://mypersonalsoft.blogspot.com)를 통해 공유하고 있다.

여가 시간에는 몇 가지 오픈소스 소프트웨어 작업에 참여하며, 코딩에 열정을 가진 친구들과 꾸린 'Hobby Coders'(http://hobbycoders.com) 팀과 함께 다양한 기술과 아이디어를 즐겁게 실험해보곤 한다.

옮긴이 소개

박지유 (jeeyoupark@naver.com)

1990년대부터 IT 업계에 종사해온 실무자이자 기획자로서, IT 산업 전반과 게임 분야에 특히 관심이 많다. 다양한 기사와 도서 등의 번역가로도 활동 중이다. 에이콘출판사에서 출간한 『코코스2d-x 모바일 2D 게임 개발』(2013)과 『오픈소스와 소프트웨어 산업, 상생의 경제학』(2013)을 번역했다.

옮긴이의 말

PC 온라인 게임에서뿐만 아니라 최근에는 모바일 게임에서도 멀티플레이가 빠질 수 없는 요소가 됐다. 실시간 PVP나 파티플레이가 핵심적인 게임 모드로 등장하기 시작했으며, 실시간 멀티플레이를 지원하지 않더라도 비동기적인 방식으로 다른 유저와의 경쟁 또는 협력 플레이를 지원하지 않는 상용 게임은 찾아보기 어렵다. 아무리 뛰어난 AI라도 실제 사람을 상대하는 것만큼 지속적인 흥미를 불러일으킬 수는 없기 때문이다. 이와 같은 다른 유저와의 상호작용이라는 게임의 핵심 재미 요소 외에도 부분 유료화 게임에서는 해킹 방지 때문에 서버 사이드 구현이 부각될 수밖에 없는 상황이다. 클라이언트만으로 끊임없이 발전하는 해킹 기법에 대응하기는 원천적으로 불가능하기 때문에, 게임의 핵심 로직을 서버 사이드로 옮기는 것이 개발사들에는 매우 중요한 과제가 되고 있다.

이렇듯 모바일 게임에서도 네트워크와 서버 사이드 구현이 필수적인 기술로 부각된 지가 꽤 됐음에도 불구하고, 국내에서는 유니티나 모바일 환경에서 네트워크 게임 구현 기술을 전문적으로 다룬 서적은 전무한 실정이다.

이 책은 멀티플레이 모드와 해킹 방지를 위한 서버 사이드 구현에 어려움을 겪고 있는 일선의 유니티 개발자들에게 좋은 참고서적이 될 수 있으리라 생각한다.

이 책에서는 기본적인 네트워킹 구현 외에 개발 현장에서 응용할 수 있는 중요하고도 흥미로운 기법까지 다룬다. 우선, 유니티에 내장된 네트워킹 기능뿐만 아니라 포톤 네트워킹 같은 서드파티 네트워킹 미들웨어에 대해서도 다룬다. TCP/UDP 기술 외에도 펍넙 기반의 HTTP 기술을 이용해 최근 거의 모든 게임에서 빠짐없이 등장하는 채팅 기능의 구현 기법을 보여준다.

또한 개체 보간과 클라이언트 사이드 예측을 통해 랙에 좀 더 매끄럽게 대처할 수 있는 게임을 구현하는 기법을 알려주고, 클라이언트 해킹에 대응하기 위한 서버 사이드 명중 탐지 기법을 알려준다.

이와 같은 기법들을 퐁 게임이나 간단한 RTS 게임과 같은 실전적 예제들을 통해 설명하기 때문에, 실전 프로젝트에 손쉽게 응용할 수 있다. 이 책이 독자들의 유니티 네트워크 게임에 실질적 도움이 되기를 기대한다.

목차

들어가며

이 책에서는 유니티 게임 엔진으로 네트워크 게임을 개발하는 데 관련된 개념과 미들웨어들을 단계적으로 안내하고자 한다. 나는 한동안 네트워크 게임의 열광적인 팬이었다. 네트워크 게임은 우리들의 원초적 욕망에 호소할 수 있는 수단을 갖추고 있다. 네트워크 게임은 경쟁 욕구, 협력 욕구 그리고 그 무엇보다 사람들과 함께 어울리고 싶어하는 욕구를 충족시켜주며, 이런 욕구의 충족은 싱글플레이어 게임에서는 제공될 수 없는 것이다.

나는 유니티에서 광범위한 네트워킹 플러그인과 애플리케이션을 경험해 봤다. 새로운 네트워킹 시스템을 배울 때면 언제나 난관과 문제들이 존재했다. 같은 길을 걷고 있는 다른 이들을 돕고, 그들이 내가 겪었던 문제들을 극복하는 데 도움을 주고 싶은 마음에 이 책을 쓰게 됐다.

유니티 IDE 속성 코스

이 책을 제대로 이해하기 위해서는 유니티 IDE의 기본 기능에 대해 알아야 한다.

유니티를 처음 실행시켜 보면, 기존 프로젝트를 열 것인지 아니면 새로운 프로젝트를 생성할 것인지를 묻는 창을 만난다. Create New Project 탭을 선택하고, 프로젝트를 저장할 위치를 선택한다.

프로젝트가 생성되고 나면, 여러 개의 패널이 보일 것이다. Scene과 Game, Hiearchy, Project, Console, Inspector 탭이 있다.

씬Scene 뷰는 현재 씬을 보여준다. 여기에서 씬을 이동시키고, 오브젝트를 선택해서 이리저리로 움직이는 등의 일을 할 수 있다. 게임Game 뷰는 메인 카메라에서 보이는 장면을 보여준다. Play 버튼을 누르면, 게임 뷰가 자동적으로 표시되고, 편집기 내에서 자신의 게임을 테스트해 볼 수 있다.

계층Hierarchy 탭은 현재 씬의 오브젝트 계층 구조를 보여준다. 여기에서 오브젝트를 선택하고, 부모 자식 관계를 설정하거나 해제할 수 있으며, 삭제 및 이름 변경 등의 일도 처리할 수 있다.

인스펙터Inspector 탭은 선택된 오브젝트에 부착되어 있는 각 컴포넌트에 대한 편집기를 보여준다(상속 기반인 대다수 전통적 엔진과 달리, 컴포넌트 기반인 유니티에서는 오브젝트가 컴포넌트의 집합이며 각 컴포넌트가 별도의 역할을 한다). 여기에서 각 컴포넌트의 값을 설정하고 속성을 변경할 수 있다. 또한 컴포넌트를 마우스 오른쪽 버튼으로 클릭하고 Remove Component를 클릭해서 컴포넌트를 삭제할 수도 있다. 유니티 4 이후 버전에서는 Add Component를 클릭하고 컴포넌트 스크립트를 선택할 수도 있다.

프로젝트Project 탭은 프로젝트의 애셋을 보여준다. 게임 애셋을 불러들이려면 여기에 애셋을 떨어뜨리면 되고, 애셋을 마우스 오른쪽 버튼으로 클릭한 다음 Create 버튼을 클릭해서 새로운 재질, 스크립트, 셰이더를 생성할 수 있다. 또한 오브젝트를 계층 탭에서 프로젝트 탭으로 드래그해서 프리팹prefab을 생성할 수 있다. 프리팹은 기본적으로 오브젝트 템플릿이며, 프리팹을 인스턴스화해서 해당 프리팹과 똑같은 복제본을 생성할 수 있다(예를 들어, 적 프리팹을 생성한 다음 그것을 인스턴스화해서 여러 명의 적을 등장시킬 수 있다). 또한 프로젝트 탭에서 컴포넌트 스크립트를 선택된 게임의 인스펙터로 드래그해서 해당 컴포넌트를 오브젝트에 추가할 수 있다.

유니티에 대해서 좀 더 알고 싶다면, 다음 웹페이지에서 시작할 수 있다.

http://unity3d.com/learn

이 책의 구성

1장, 유니티 네트워킹: 퐁 게임에서는 신뢰성 있는 UDP 통신의 개념과 게임에서 채용되는 다양한 유형의 서버를 소개한다. 유니티 네트워킹을 살펴보고 퐁과 유사한 2인용 네트워크 게임을 제작해 본다.

2장, 포톤 유니티 네트워킹: 채팅 클라이언트에서는 유니티 네트워킹의 서드파티 대안을 다루면서, 클라우드에서 호스팅되는 게임 서버, 간단한 매치메이킹, 친구 목록의 개념을 소개한다. 추가로 간단한 채팅 클라이언트 개발까지 다룬다.

3장, 포톤 서버: 별 수집 게임에서는 게임을 위한 전용 서버를 소개한다. 그리고 포톤 서버 애플리케이션 개발, 서버 접속, 요청/응답/이벤트 시스템을 이용한 통신 및 간단한 별 수집 게임을 제작해 본다.

4장, Player.IO: 봇 전쟁에서는 또 다른 전용 서버 시스템을 다룬다. Player.IO의 데이터베이스 기능, Player.IO 서버를 생성하는 방법, 유니티에서 접속하는 방법 그리고 사용자 스탯이 보존되는 간단한 RTS 스타일의 게임 제작을 다룬다.

5장, 펍넙: 통합 채팅 상자에서는 HTTP 메시징 서비스를 이용한 통신을 소개한다. 통신용으로서 HTTP의 장점과 유의사항, WWW 클래스를 이용한 펍넙 통신 개발 및 채팅방 애플리케이션 제작을 다룬다.

6장, 개체 보간과 예측에서는 서버 사이드 이동 물리 처리, 그에 따른 잠재적인 이슈와 해결책을 소개한다. 클라이언트 사이드 이동 예측과 원격 개체의 움직임을 부드럽게 처리하는 방법을 살펴본다.

7장, 서버 사이드 명중 탐지에서는 총격 스타일 게임을 위한 서버 사이드 명중 탐지 개념을 소개한다. 많은 온라인 게임에서 일어나는 표적 예측 문제의 배경 논리와 게임 상태를 되감아서 이 문제를 해결하는 방법을 설명한다.

준비물

이 책에서는 유니티 3 또는 이후 버전이 필요하다. 여러 장에서 특정 프로그램을 다운로드해야 한다.

- 2장, '포톤 유니티 네트워킹: 채팅 클라이언트'에서는 포톤 유니티 네트워킹 플러그인이 필요하다.
- 3장, '포톤 서버: 별 수집 게임'에서는 포톤 서버 클라이언트와 서버 SDK가 필요하다.
- 4장, 'Player.IO: 봇 전쟁'에서는 Player.IO 개발자 패키지가 필요하다.
- 5장, '펍넙: 통합 채팅 상자'에서는 서드파티 JSON 파서parser가 필요하다.

필요 자료 다운로드에 대한 안내는 각 장의 시작 부분에 설명되어 있다.

이 책의 대상 독자

이 책은 유니티 게임 엔진으로 멀티플레이어 게임 개발의 첫걸음을 내딛으려는 개발자들을 대상으로 한다. 독자들은 C#에 대해 실전 지식을 갖추고 있어야 한다. 유니티 IDE에 대한 지식이 있으면 도움이 되지만 필수적이지는 않다.

이 책의 편집 규약

이 책에서는 서로 다른 종류의 정보를 구별하기 위해 다양한 스타일의 텍스트가 사용된다. 여기에서 이런 스타일의 몇 가지 사례와 그 의미를 설명한다.

본문에서 코드 문구는 다음과 같이 표시한다. "게임 오브젝트는 NetworkView 컴포넌트를 갖는다."

코드 블록은 다음과 같이 표시한다.

```
public class ExampleUnityNetworkSerializePosition : MonoBehaviour
{
  public void OnSerializeNetworkView( BitStream stream,
    NetworkMessageInfo info )
  {
    // 현재 네트워크에 정보를 기록하는 중이다
    if( stream.isWriting )
    {
      // 오브젝트의 위치를 전송한다
      Vector3 position = transform.position;
      stream.Serialize( ref position );
    }
```

코드 블록의 특정 부분을 강조하고자 할 경우에는, 관련된 행이나 항목들을 굵게 표시한다.

```
// 플레이어가 도달할 수 있는 최고 점수
public int ScoreLimit = 10;
```

```
// 플레이어 1 점수의 표시 텍스트
public TextMesh Player1ScoreDisplay;

// 플레이어 2 점수의 표시 텍스트
public TextMesh Player2ScoreDisplay;

// 플레이어 1의 점수
private int p1Score = 0;
```

메뉴나 대화상자 같이 화면에 표시되는 단어들은 본문 내에서 다음과 같이 표시한다. "Next 버튼을 클릭하면 다음 화면으로 이동한다."

 경고나 중요 참고사항은 이렇게 상자 안에 표시한다.

 팁과 요령은 이렇게 표시한다.

독자 의견

독자 여러분의 의견은 언제나 환영한다. 이 책에 대해 어떻게 생각하는지 부담 없이 알려주기를 바란다. 독자 의견이 유익한 책을 만드는 데 큰 도움이 된다.

일반적인 의견은 메일 제목에 책 이름을 넣어서 feedback@packtpub.com으로 이메일을 보내면 된다.

특정 분야에 대한 책을 쓰거나 기여하는 데 관심이 있다면 www.packtpub.com/authors의 저자 가이드를 참조하기 바란다.

고객 지원

팩트 출판사의 구매자가 된 독자에게 도움이 될만한 몇 가지 사항을 소개하고자
한다.

예제 코드 다운로드

모든 팩트 도서에 대한 예제 코드는 http://www.packtpub.com에서 자신의 계정
으로 다운로드할 수 있다. 이 책을 다른 곳에서 구입했다면, http://www.packtpub.
com/support에 방문해서 등록하면 이메일로 예제 파일을 바로 받을 수 있다.
에이콘출판사의 도서정보 페이지 http://www.acornpub.co.kr/book/unity-
multiplayer-game에서도 예제 코드를 내려받을 수 있다

오탈자

내용을 정확하게 전달하려고 최선을 다했지만, 실수가 있을 수 있다. 팩트출판사의
책에서 코드나 텍스트상의 문제를 발견해서 알려준다면 매우 감사하게 생각할 것이
다. 그런 참여를 바탕으로, 다른 독자들에게 도움을 주고 다음 판에서 좀 더 완성도
있는 책을 만들 수 있다. 오탈자를 발견한다면 http://www.packtpub.com/support
에 방문해서 이 책을 선택하고, 정오표 제출 양식을 클릭해서 오탈자 정보를 입력하
기 바란다. 제출된 오류가 확인되면, 제출 내용이 승인되어 정오표 내용이 웹사이트
에 올려지거나, 해당 도서의 정오표 섹션에 추가될 것이다. 한국어판은 에이콘출판사
도서정보 페이지 http://www.acornpub.co.kr/book/unity-multiplayer-game에서
찾아볼 수 있다.

저작권 침해

인터넷에서 저작권 침해는 모든 매체에서 지속적으로 일어나는 문제다. 팩트출판사
에서는 저작권과 사용권 문제를 매우 심각하게 인식하고 있다. 어떤 형태로든 팩트
출판사 서적의 불법 복제물을 인터넷에서 발견한다면 적절한 조치를 취할 수 있도록
해당 주소나 사이트 명을 즉시 알려주기를 부탁한다. 의심되는 불법 복제물의 링크를

copyright@packtpub.com으로 보내주기 바란다.

저자와 더 좋은 책을 위한 팩트출판사의 노력을 배려하는 마음에 깊이 감사 드린다.

문의사항

이 책에 관련된 문의 사항이 있다면 questions@pactkpub.com으로 문의하기 바란다. 최선을 다해 질문에 답하겠다. 한국어판에 관한 질문은 이 책의 옮긴이나 에이콘출판사 편집팀(editor@acrornpub.co.kr)으로 문의해주길 바란다.

1

유니티 네트워킹: 퐁 게임

멀티플레이어가 빠지는 곳은 없다. 멀티플레이어는 대작 게임은 물론 저예산 인디 작품에서도 중요한 역할을 차지하고 있다. 좀비 재난에서 살아남기 위해서 처음 만나는 이들과 팀을 이루는 일이건, 즐겨 찾는 맵에서 한 판의 '깃발 뺏기' 게임으로 자신의 기술을 뽐내는 일이건, 살아 숨 쉬고 생각하는 인간과 함께 플레이하는 느낌을 인공지능이 따라갈 수는 없다.

유니티3D에는 멀티플레이 게임 개발에 필요한 서드파티 네트워킹 미들웨어가 다수 준비되어 있으며, 아마도 멀티플레이어 게임의 프로토타입 제작이 가장 간편한 플랫폼일 것이다.

유니티에서 대부분 사람들이 처음으로 접하게 되는 네트워킹 시스템은 내장 유니티 네트워킹 API^{Unity Networking API}이다. 이 API는 단순히 메시지 송신에 그치지 않고 네트워크에 접속된 오브젝트를 위한 프레임워크를 제공함으로써 네트워크 코드 작성에 필요한 많은 작업들을 간편하게 해준다. 이는 NetworkView 컴포넌트의 제공을 통해 이루어지는데, 이 컴포넌트는 오브젝트 상태를 직렬화하고 네트워크상에서 함수를 호출할 수 있다.

추가로, 유니티는 마스터 서버^{Master Server}를 제공하는데, 이 서버는 기본적으로 플레이어들이 전체 공개 서버 중에서 참여할 게임을 검색할 수 있게 해주고, 비공개 네트워크의 플레이어들이 서로 연결하는 데 도움을 줄 수 있다.

1장에서 다룰 내용은 다음과 같다.

- 멀티플레이어 게임 소개
- UDP 통신 소개
- 테스트용 마스터 서버 설정
- NetworkView 소개
- 오브젝트 상태의 직렬화
- RPC 호출
- 서버 시작과 접속
- 마스터 서버 API를 이용한 서버 등록과 이용 가능 호스트 검색
- 전용 서버^{dedicated server} 모델의 설정
- 네트워크에 접속된 레벨의 로딩
- 유니티 네트워킹을 이용한 퐁 유사 게임 제작

멀티플레이어 게임 소개

인터넷상의 통신을 세부적으로 살펴보기에 앞서, 게임에서 멀티플레이어의 정확한 역할이 무엇인지 짚고 넘어가 보자.

대부분 플레이어에게 있어, 멀티플레이어 게임이란 다른 플레이어와 동일한 경험을 공유하는 것이다. 마치 그들은 서로 같은 게임을 플레이하는 것처럼 보이고 느껴진다. 하지만, 실제로는 그렇지 않다. 각 플레이어는 각자의 게임 상태를 가진 별개의 게임을 플레이하는 것이다. 모든 플레이어들이 정확히 같은 게임을 플레이하게 하는 데는 엄청난 비용이 소요된다. 게임에서는 그렇게 하는 대신 동일한 경험을 공유하고 있다는 착각을 불러일으킬 수 있는 정도만큼만 정보를 동기화시킨다.

어떤 게임이든지 대부분 각각의 클라이언트가 단일 서버에 연결되는 클라이언트-서버 아키텍처로 구성되어 있다. 서버는 게임의 메인 허브로서, 기본적으로는 게임 상태를 처리하는 기기이지만, 최소한의 역할을 할 경우에는 클라이언트 사이에서 단순한 메시지 '중개자' 역할만 할 수도 있다. 각 클라이언트는 컴퓨터 상에서 실행되는 하나의 게임 인스턴스를 나타낸다. 어떤 경우에는 서버가 클라이언트 역할을 겸할 수

도 있는데, 예를 들어, 일부 게임에서는 외부 서버 프로그램을 시작하지 않고도 게임을 호스팅할 수 있다.

MMO^Massively Multiplayer Online(대규모 멀티플레이 게임)는 게임 시작과 동시에 이러한 서버들 중 하나에 연결되지만, 많은 게임들은 서버 IP를 미리 알지 못한다. 예를 들어, FPS 게임(1인칭 슈팅 게임)에서는 플레이어들이 직접 자신만의 서버를 호스팅한다. 사용자에게 연결할 수 있는 서버 목록을 보여주기 위해, 대개 게임들은 '마스터 서버^Master Server' 또는 '로비 서버^Lobby Server'라고 알려진 또 다른 서버를 채용한다. 이 서버의 유일한 목적은 현재 실행 중인 게임 서버를 추적 관리해서 이 목록을 클라이언트에게 알려주는 것이다. 게임 서버는 자신의 존재를 공개적으로 공표하기 위해 마스터 서버에 연결하고, 게임 클라이언트는 마스터 서버에 질의해서 현재 실행 중인 게임 서버의 갱신된 목록을 얻는다.

반대로, 이런 마스터 서버가 서버들을 전혀 추적 관리하지 않을 수도 있다. 일부 게임들은 플레이어들이 로비 서버에 접속해서 자신만의 게임 매칭 조건을 선택하는 '매치메이킹^matchmaking' 기능을 채택한다. 서버는 이런 플레이어를 기준에 따라 '방'에 집어넣고 게임을 시작할 수 있을 만큼 인원이 채워지면, 플레이어 중에서 호스트가 선택되는데, 해당 클라이언트는 백그라운드에서 서버를 시작하고 이 서버에 다른 플레이어들이 연결한다. 이런 방식에서는 플레이어가 서버를 수동으로 검색할 필요가 없고, 대신 자신이 어떤 게임을 플레이하고 싶은지만 알려주면 된다.

UDP 통신 소개

유니티의 내장 네트워킹은 락넷^RakNet 기반이다. 락넷은 효율성을 위해 UDP 통신을 사용한다.

UDP^User Datagram Protocols(사용자 데이터그램 프로토콜)는 다른 컴퓨터로 메시지를 전송하는 간단한 방법이다. 이 방식에서 메시지들은 메시지가 손상되지 않았는지 확인하는 간단한 체크섬^checksum 외에는 대부분 수신이 확인되지 않는다. 이 때문에, 메시지의 도착 여부를 보장할 수 없을 뿐더러, 한 번만 도착했는지(때때로, 하나의 메시지가 두 번 이상 전송될 수도 있다) 또는 특정한 순서대로 도착했는지조차 보장할 수 없다. 반면

TCP는 각 메시지가 딱 한 번, 송신된 순서대로 정확히 수신됐는지 보장하는데, 이 방식은 지연 증가를 초래한다(메시지가 목표에 도달하지 않는다면 여러 차례 재전송되어야 하고, 정확히 송신된 순서대로 처리되기 위해 수신될 때 버퍼링되어야 한다).

이를 해결하려면, 신뢰성 레이어reliability layer가 UDP 상단에 구축되어야 하는데, 이를 일러 rUDPreliable UDP라고 한다. 메시지들은 신뢰성 없이 송신될 수도 있고(도착하지 않을 수도 있고, 여러 번 도착할 수도 있다), 신뢰성 있게 송신될 수도 있다(메시지당 한 번, 정확한 순서로 전송이 보장된다). 신뢰성 있는 메시지가 수신되지 않거나 손상된 경우라면, 원래의 송신자가 메시지를 재송신해야 한다. 추가로, 메시지는 순서가 맞지 않는 경우 즉시 처리되지 않고 저장될 것이다. 예를 들어, 메시지 1, 2, 4를 받는다면, 프로그램은 메시지 3이 도착될 때까지 메시지들을 처리하지 않을 것이다.

개별 메시지 단위로 신뢰성을 다르게 적용하면 전반적인 성능이 향상된다. 플레이어 위치 같은 메시지들은 신뢰성 없는 메시지에 좀 더 적합한 반면(하나가 도착 실패되더라도, 어떻게든 다음 것이 곧바로 도착할 것이다), 데미지 메시지들은 신뢰성이 있어야 한다(우연이라도 결코 데미지 메시지가 누락되어서는 안 되며, 송신된 순서대로 정확히 도착해야 예측 불가능한 상황이 벌어지지 않을 것이다).

유니티에서는 신뢰성이 있든 없든(대개 신뢰성 없는 쪽이 선호된다) 오브젝트의 상태를 직렬화할 수 있다(예를 들어, 유닛의 체력과 위치를 직렬화할 수 있다). 그 외 다른 모든 메시지들은 신뢰성 있게 송신된다.

마스터 서버 설정

유니티에서 자체적인 내장 마스터 서버와 촉진자Facilitator(별도로 설정을 제공하지 않으면 자동적으로 연결됨)를 제공하긴 하지만, 개발용으로는 적합하지 않다. 자체적인 마스터 서버를 이용할 계획이므로, 직접 호스팅한 서버에 연결하는 방법을 알아야 한다.

우선, 다음 페이지에 접속한다.

http://unity3d.com/master-server/

서버 컴포넌트 목록 중에서 다음 스크린샷에서 보이는 Master Server와 Facilitator 두 개를 다운로드하자.

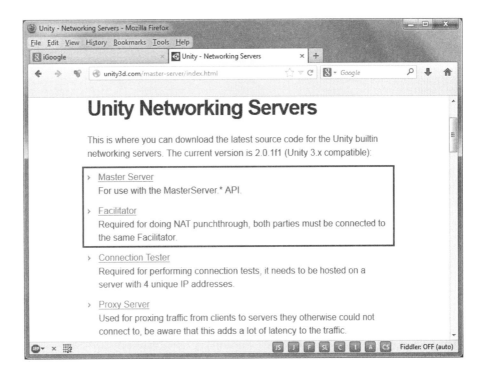

서버는 압축된 채로 소스 코드 전체가 제공된다. 윈도우에서 비주얼 스튜디오 익스프레스를 사용하고 있다면, 비주얼 스튜디오 .sln 솔루션을 열어서 Release 모드에서 컴파일한다. Release 폴더로 이동한 다음, EXE 파일(MasterServer.exe 또는 Facilitator.exe)을 실행한다. 맥이라면, 포함된 엑스코드^{Xcode} 프로젝트를 이용하든지 단순히 Makefile을 실행한다(Makefile은 리눅스와 맥 OS X에서 모두 작동한다).

앞에서 언급한 바와 같이, 마스터 서버는 게임에서 플레이어들에게 서버 로비를 보여주는 역할을 담당한다. 촉진자는 NAT 펀치스루$^{punch-through}$라는 과정을 수행함으로써, 클라이언트 간의 연결을 돕는 데 활용된다. NAT는 복수의 컴퓨터들이 동일한 네트워크에 포함되어 있어 모두 동일한 공개 IP 주소를 사용하고 있을 때 활용된다. NAT는 기본적으로 공개 IP 주소와 사설 IP 주소를 변환해주지만, 한 기기가 다른 기기와 접속하려면 NAT 펀치스루가 필요하다. 좀 더 상세한 정보는 다음 페이지를 참고한다.

http://www.raknet.net/raknet/manual/natpunchthrough.html

마스터 서버의 기본 설정 포트는 23466이고 촉진자는 50005이다. 이 번호는 나중에 기본 유니티 호스팅 서버 대신에 로컬 마스터 서버와 촉진자에 연결하기 위해 유니티를 설정할 때 필요하게 될 것이다.

자신만의 서버를 설정했으므로, 이제 유니티 네트워킹 API 자체를 살펴보자.

NetworkView와 상태 직렬화

유니티에서 네트워크에 연결돼야 하는 게임 오브젝트는 NetworkView 컴포넌트를 갖는다. NetworkView 컴포넌트는 네트워크상의 통신을 처리하고, 네트워크 상태 직렬화를 손쉽게 만들어주는 데 보탬이 되기도 한다. 이 컴포넌트는 자동으로 Transform, Rigidbody, Animation 컴포넌트의 상태를 직렬화할 수 있는데, 경우에 따라 우리가 직접 만든 스크립트로 커스텀 직렬화 함수를 작성할 수도 있다.

게임 오브젝트에 부착되면, NetworkView는 NetworkViewID를 생성한다. 이 ID는 네트워크상에서 NetworkView를 고유하게 식별해주는 역할을 한다. NetworkView가 부착된 오브젝트는 씬scene의 일부로 저장될 수도 있고(게임 관리자, 채팅 상자 등에 활용되는 경우), 또는 프리팹으로 프로젝트에 저장된 다음 나중에 Network.Instantiate를 통해 생성될 수도 있다(플레이어 오브젝트, 총알 등에 활용되는 경우). Network.Instantiate는 GameObject.Instantiate의 멀티플레이어 버전으로, 네트워크를 통해 다른 클라이언트에게 메시지를 보내서 모든 클라이언트들이 해당 오브젝트를 생성하게 한다. 또한 오브젝트에 네트워크 ID를 할당하는데, 네트워크 ID는 다수의 클라이언트에서 해당 오브젝트를 식별하는 데 활용된다(동일한 오브젝트는 모든 클라이언트에서 동일한 네트워크 ID를 갖는다).

 프리팹은 게임 오브젝트를 위한 일종의 템플릿이다. Instantiate 메소드를 사용해서 씬에서 이런 템플릿의 복제본을 생성할 수 있다.

생성된 네트워크 게임 오브젝트는 Network.Destroy를 통해 소멸될 수 있다. Network.Destroy는 GameObject.Destroy의 멀티플레이어 버전이다. 모든 클라이언트에게 메시지를 보내서 해당 오브젝트를 소멸시키게 한다. 추가로 해당 오브젝트와 연관된 모든 RPC 메시지까지 삭제한다.

NetworkView는 Transform, Rigidbody, Animation 같은 단일 컴포넌트를 직렬화할 수 있으며, 경우에 따라 OnSerializeNetworkView 함수를 가진 우리가 직접 제작한 컴포넌트를 직렬화할 수도 있다. 직렬화된 값들은 두 가지 방법 중 하나로 전송될 수 있는데, ReliableDeltaCompressed 옵션에서는 이전 갱신 이후로 변경된 값들만이 포함되도록 압축되어 항상 신뢰성 있게 전송되고, Unreliable 옵션에서는 전체 값이 신뢰성 없는 상태로 전송된다(이전 갱신 이후로 변경된 값은 UDP상에서는 예측 불가능하기 때문). 각각의 방법에는 장단점이 있다. FPS 게임에서의 플레이어 위치 같이 데이터가 끊임없이 변경된다면 지연을 줄이기 위해 일반적으로 Unreliable 방식이 선호된다. 데이터가 그다지 자주 변경되지 않는다면, 대역폭을 줄이기 위해 ReliableDeltaCompressed 옵션을 사용한다(변경값만 직렬화되므로).

또한 NetworkView는 원격 프로시저 호출[RPC, Remote Procedure Call]를 통해 네트워크상에서 메소드를 호출할 수 있다. 유링크[uLink]나 티넷[TNet] 같은 일부 네트워크 라이브러리에서는 신뢰성 없는 RPC를 전송할 수도 있지만, 유니티 네트워크에서 RPC는 항상 신뢰성 있게 전송된다.

커스텀 상태 직렬자 작성

초기에는 단순히 Transform이나 Rigidbody를 테스트 차원에서 직렬화할 수도 있지만, 많은 경우 결국에는 자체적인 직렬화 함수 제작이 필요하다. 이 작업은 예상 외로 간단하다.

예제 코드 다운로드

구매한 모든 팩트 도서에 대한 예제 코드 파일은 http://www.packtpub.com에서 자신의 계정으로 다운로드할 수 있다. 이 책을 다른 곳에서 구매했다면, http://www.packtpub.com에 방문해서 등록하면 이메일로 파일을 바로 받을 수 있다. 에이콘출판사의 도서정보 페이지 http://www.acornpub.co.kr/book/unity-multiplayer-game/에서도 예제 코드를 내려받을 수 있다.

다음은 네트워크상에서 오브젝트의 위치를 송신하는 스크립트다.

```
using UnityEngine;
using System.Collections;
public class ExampleUnityNetworkSerializePosition : MonoBehaviour
{
  public void OnSerializeNetworkView( BitStream stream,
    NetworkMessageInfo info )
  {
    // 현재 네트워크로 정보를 기록하는 중이다
    if( stream.isWriting )
    {
      // 오브젝트의 위치를 전송한다
      Vector3 position = transform.position;
      stream.Serialize( ref position );
    }
    // 현재 네트워크에서 정보를 읽어오는 중이다
    else
    {
      // 첫 번째 vector3를 읽어서 'position'에 저장한다
      Vector3 position = Vector3.zero;
      stream.Serialize( ref position );

      // 오브젝트의 위치를 전송한 값으로 설정한다
      transform.position = position;
    }
  }
}
```

대부분의 작업은 `BitStream`으로 처리됐다. `BitStream`은 지금 `NetworkView`가 상태를 쓰고 있는 중인지, 아니면 네트워크에서 상태를 읽고 있는지를 체크하는 데 사용된다. 읽기인지 쓰기인지의 여부에 따라 `stream.Serialize`는 다르게 동작한다. `NetworkView`가 쓰는 중이라면, 네트워크로 값이 전송될 것이다. 반면 `NetworkView`가 읽고 있다면, 네트워크에서 값을 읽어서 참조된 변수(즉 값이 아니라 참조로 Vector3를 전달하는 ref 키워드)에 저장한다.

RPC 사용

RPC는 총 쏘는 캐릭터나 채팅에서 뭔가 말하는 플레이어 같이 단일의 독립적인 메시지를 전송할 때 유용하다.

유니티에서 RPC는 [RPC] 속성으로 표시된 메소드다. RPC는 `networkView.RPC( "메소드 이름", … )`을 통해 이름으로 호출될 수 있다. 예를 들어, 다음 스크립트는 스페이스 키가 눌러질 때 모든 기기의 콘솔에 출력을 처리한다.

```
using UnityEngine;
using System.Collections;

public class ExampleUnityNetworkCallRPC : MonoBehavior
{
  void Update()
  {
    // 중요 - NetworkView가 자신이 소유한 것이 아니라면 실행되지 않게 한다
    if( !networkView.isMine )
      return;

    // 스페이스 키가 눌러지면, 모두에 대해 RPC를 호출한다
    if( Input.GetKeyDown( KeyCode.Space ) )
      networkView.RPC( "testRPC", RPCMode.All );
  }

  [RPC]
  void testRPC( NetworkMessageInfo info )
```

```
  {
    // 이 RPC를 호출한 기기의 IP 주소를 기록한다
    Debug.Log( "Test RPC called from " + info.sender.ipAddress );
  }
}
```

NetworkView.isMine이 오브젝트의 소유권을 판단하기 위해 사용된 점에 유의한다. 모든 스크립트는 우리 기기가 해당 오브젝트를 소유하고 있는지의 여부에 상관없이 100% 실행되므로, 일부 로직은 원격 기기에서 실행되지 않도록 유의해야 한다. 예를 들어, 플레이어 입력 코드는 해당 오브젝트를 소유한 기기에서만 실행돼야 한다.

RPC는 동시에 다수 플레이어에게 전송될 수도 있고, 특정 플레이어에게만 전송될 수도 있다. RPCMode를 전달해서 메시지를 보낼 플레이어 그룹을 지정할 수도 있고, 특정 NetworkPlayer에게만 메시지를 보낼 수도 있다. 또한 RPC 메소드에 전달될 여러 가지 매개변수를 지정할 수 있다.

- All (RPC가 모두에 대해 호출된다)
- AllBuffered (RPC가 모두에 대해 호출된 다음, 새로운 플레이어가 접속할 때를 대비해서 오브젝트가 소멸될 때까지 버퍼링된다)
- Others (RPC가 송신자를 제외한 모두에 대해 호출된다)
- OthersBuffered (RPC가 송신자를 제외한 모두에 대해 호출된 다음, 새로운 플레이어가 접속할 때를 대비해서 오브젝트가 소멸될 때까지 버퍼링된다)
- Server (RPC가 호스트 기기로 송신된다)

 RPCMode.All과 RPCMode.AllBuffered를 제외하면 클라이언트는 자신에게 RPC를 보낼 수 없다는 점에 유의한다.

서버 초기화

가장 먼저 준비해야 할 것은 게임을 호스팅하고 게임에 참여하는 것이다. 로컬 기기에서 서버를 초기화하기 위해서는 Network.InitializeServer를 호출한다.

이 메소드는 접속 허용 숫자, 연결할 포트, NAT 펀치스루 이용 여부에 관한 3가지 매개변수를 받는다. 다음 스크립트는 8개 클라이언트 접속을 허용하는 25005번 포트로 서버를 초기화한다.

```
using UnityEngine;
using System.Collections;

public class ExampleUnityNetworkInitializeServer : MonoBehavior
{
  void OnGUI()
  {
    if( GUILayout.Button( "Launch Server" ) )
    {
      LaunchServer();
    }
  }

  // 서버를 시작한다
  void LaunchServer()
  {
    // NAT 펀치스루를 이용하는 서버를 시작하고,
    // 25005번 포트에 연결해서,
    // 8개 클라이언트의 접속을 허용한다
    Network.InitializeServer( 8, 25005, true );
  }

  // 서버 초기화가 끝나면 호출된다
  void OnServerInitialized()
  {
    Debug.Log( "Server initialized" );
  }
}
```

또한 받아들일 비밀번호를 활성화시키기 위해(비공개 게임에 유용하다), Network.incomingPassword를 플레이어가 선택한 비밀번호 문자열로 설정한 다음, Network.InitializeSecurity()를 호출함으로써, 범용 보안 레이어를 초기화할 수 있다. 이 두 과정은 실제의 서버 초기화 이전에 처리되어야 한다.

수용할 접속 숫자는 호스트를 포함하지 않기 때문에, 플레이어의 최대 숫자를 의미하지는 않는다는 점에 유의한다(예를 들어, 8명의 플레이어 접속을 허용한다면 8개 클라이언트에 호스트를 더해 같은 방에서 최대 9명의 플레이어가 플레이할 수 있다).

서버 접속

IP 주소를 알고 있는 서버에 접속하려면 Network.Connect를 호출한다.

다음 스크립트를 이용하면 플레이어는 IP 주소, 포트 및 선택적인 비밀번호를 입력하고 서버 접속을 시도할 수 있다.

```
using UnityEngine;
using System.Collections;

public class ExampleUnityNetworkingConnectToServer : MonoBehavior
{
  private string ip = "";
  private string port = "";
  private string password = "";

  void OnGUI()
  {
    GUILayout.Label( "IP Address" );
    ip = GUILayout.TextField( ip, GUILayout.Width( 200f ) );

    GUILayout.Label( "Port" );
    port = GUILayout.TextField( port, GUILayout.Width( 50f ) );

    GUILayout.Label( "Password (optional)" );
    password = GUILayout.PasswordField( password, '*',
```

```
      GUILayout.Width( 200f ) );

    if( GUILayout.Button( "Connect" ) )
    {
      int portNum = 25005;

      // 포트 번호 파싱 실패 - 숫자만 입력될 수 있도록
      // 제한하는 좀더 이상적인 해결책에 대해서는
      // 유니티 포럼에서 많은 예제를 찾을 수 있다
      if( !int.TryParse( port, out portNum ) )
      {
        Debug.LogWarning( "Given port is not a number" );
      }
      // 서버에 직접 접속을 초기화려고 시도한다
      else
      {
        Network.Connect( ip, portNum, password );
      }
    }
  }
  void OnConnectedToServer()
  {
    Debug.Log( "Connected to server!" );
  }
  void OnFailedToConnect( NetworkConnectionError error )
  {
    Debug.Log( "Failed to connect to server: " + error.ToString() );
  }
}
```

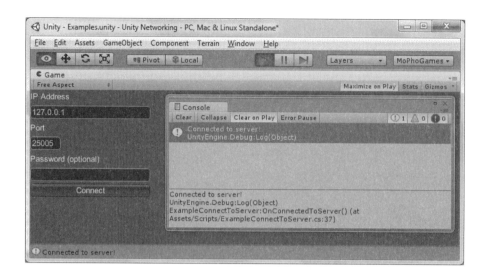

마스터 서버 접속

플레이어가 IP 주소를 직접 입력해서 서버에 접속하게 할 수도 있지만(마인크래프트 같은 많은 게임이 그렇게 하고 있다), 그보다는 공개 서버의 목록을 찾아보게 하는 편이 플레이어 입장에서는 훨씬 더 편리하다. 그것이 마스터 서버가 존재하는 이유이다.

서버를 시작시켜 접속할 수 있게 됐으니, 이제 앞에서 다운로드한 마스터 서버에 접속하는 방법을 살펴보자. 우선, 마스터 서버와 촉진자가 모두 실행 중인지 확인해야 한다. 여기서는 로컬 기기(IP 주소 127.0.0.1)에서 이 둘이 모두 실행 중이라고 가정하겠지만, 당연히 이 둘은 다른 기기에서 실행될 수도 있으므로 이런 경우 해당 기기의 IP 주소를 이용하면 된다. 마스터 서버에 공개 접근을 허용하려면, 공개 IP 주소(공개 IP가 사설 네트워크 내에 존재할 수는 없다)를 가진 기기에 설치돼야 한다는 점을 명심한다.

유니티에서 호스팅하는 테스트 서버가 아니라 우리만의 마스터 서버를 이용하도록 유니티를 구성해보자. 다음 스크립트는 주어진 IP(기본 설정은 127.0.0.1)에 접속하도록 마스터 서버와 촉진자를 구성한다.

```
using UnityEngine;
using System.Collections;
```

```
public class ExampleUnityNetworkingConnectToMasterServer : MonoBehaviour
{
    // 마스터 서버와 촉진자가 동일한 기기에 존재한다고 가정한다
    public string MasterServerIP = "127.0.0.1";

    void Awake()
    {
        // 접속할 마스터 서버의 IP와 포트를 설정한다
        MasterServer.ipAddress = MasterServerIP;
        MasterServer.port = 23466;

        // 접속할 촉진자의 IP와 포트를 설정한다
        Network.natFacilitatorIP = MasterServerIP;
        Network.natFacilitatorPort = 50005;
    }
}
```

마스터 서버를 이용한 서버 등록

마스터 서버 구성을 끝마쳤으므로, 이제 마스터 서버를 이용해서 서버를 등록할 차례다. 이 과정은 매우 간단하다.

Network.InitializeServer를 호출한 후, MasterServer.RegisterHost에 또 다른 호출을 시도한다. 이 호출은 마스터 서버에 접속해서 공개 게임 목록에 우리 서버를 표시하라고 알려준다.

RegisterHost 함수는 모두 문자열로 된 3개의 매개변수를 받아들이는데, game TypeName, gameName, 주석이 그것이다. 게임 타입명은 서로 다른 게임 목록을 구분하는 데 사용된다. 예를 들어, 두 개의 게임이 동일한 마스터 서버를 이용하는 경우, 다른 게임에 대한 목록을 받는 것을 피하기 위해 서로 다른 게임 타입명을 제공해야 할 것이다. 게임명은 예를 들면 'John's server'와 같은 호스트 서버의 이름이다. 주석은 범용의 데이터 문자열로, 기본적으로는 여기에는 어떤 것이라도 저장될 수 있다. 예를 들어, 서버에 대한 데이터(맵 순서, 이용 가능 모드 등)를 저장해서 사용자가 로비를 살펴볼 때 이 데이터들을 보여줄 수 있다.

RegisterHost는 InitializeServer와는 별도의 호출이므로, 사설이나 LAN 스타일 서버를 구현할 때는 생략해도 무방하다.

 마스터 서버에 저장된 정보를 업데이트하기 위해 서버가 실행 중에 한 번 이상 RegisterHost를 호출할 수 있다. 예를 들어, 서버가 새로운 레벨로 변경되면 로비를 업데이트하기 위해 RegisterHost를 재호출할 수 있다.

이용 가능한 서버 살펴보기

이용 가능한 서버를 살펴보기 위해 MasterServer.RequestHostList를 호출한다. 이 메소드는 단 한 개의 매개변수로 게임 타입명(RegisterHost에 전달한 것과 동일한 게임 타입명)을 받아들인다.

이 메소드는 아무 것도 반환하지 않는 대신 결과가 비동기적으로 다운로드되며, MasterServer.PollHostList를 통해 가장 최근의 서버 목록에 접근할 수 있다. 추가로, 오래된 데이터 사용을 방지하기 위해 MasterServer.ClearHostList를 호출할 수 있다. 예를 들어, 로비에서 새로 고침 버튼을 누르면 호스트 목록을 비운 다음 마스터 서버에 새로운 목록을 요청하게 할 수 있다.

다음 스크립트는 사용자가 이용 가능한 서버를 둘러본 다음 접속할 수 있게 해주는 로비를 보여준다.

```
using UnityEngine;
using System.Collections;

public class ExampleUnityNetworkingBrowseServers : MonoBehavior
{
  // 호스트 목록을 다운로드하려고 현재 시도하는 중인가?
  private bool loading = false;

  // 스크롤 뷰 내에서의 현재 위치
  private Vector2 scrollPos = Vector2.zero;
```

```
void Start()
{
  // 호스트 목록을 즉각적으로 요청한다
  refreshHostList();
}

void OnGUI()
{
  if( GUILayout.Button( "Refresh" ) )
  {
    refreshHostList();
  }

  if( loading )
  {
    GUILayout.Label( "Loading..." );
  }
  else
  {
    scrollPos = GUILayout.BeginScrollView( scrollPos,
      GUILayout.Width( 200f ), GUILayout.Height( 200f ) );

    HostData[] hosts = MasterServer.PollHostList();
    for( int i = 0; i < hosts.Length; i++ )
    {
      if( GUILayout.Button( hosts[i].gameName,
        GUILayout.ExpandWidth( true ) ) )
      {
        Network.Connect( hosts[i] );
      }
    }

    if( hosts.Length == 0 )
    {
      GUILayout.Label( "No servers running" );
    }
```

```
            GUILayout.EndScrollView();
        }
    }

    void refreshHostList()
    {
        // 사용자에게 마스터 서버로부터 결과를 기다리는 중이라고 알려준다
        loading = true;
        MasterServer.ClearHostList();
        MasterServer.RequestHostList( "GameTypeNameHere" );
    }

    // 마스터 서버가 클라이언트에게 이벤트를 보고할 때 호출된다
    // 서버가 성공적으로 등록됐다든지, 호스트 목록이 수신됐다는 등이 그런 예다
    void OnMasterServerEvent( MasterServerEvent msevent )
    {
        if( msevent == MasterServerEvent.HostListReceived )
        {
            // 호스트 목록을 받았으므로, 더 이상 결과를 기다리지 않는다
            loading = false;
        }
    }
}
```

앞의 코드는 마스터 서버에 등록된 이용 가능한 서버를 나열할 것이다. 버튼 중 하나를 클릭하면 Network.Connect 함수를 호출해서 대응되는 서버에 접속하고, 새로 고침을 클릭하면 마스터 서버로부터 결과를 불러오는 동안 Loading…^{로딩 중…} 메시지를 표시할 것이다. 이 코드에는 여러 가지 개선과 변경을 가할 수 있는데, 독자를 위한 숙제로 남겨 놓겠다.

- 호스트 목록을 몇 초 단위로 새로 고침한다. 이 과정은 'Loading…' 메시지를 표시하지 않고 목록이 보이는 상태에서 처리되어야 한다.
- 게임에서 사용자에게 전용 서버 실행을 허용한다면, 사용자가 '즐겨찾기' 목록(아마도 CSV나 PlayerPrefs로 저장된)에 서버를 추가하도록 허용한다.

- 사용자가 비밀번호로 보호된 게임(`HostData.passwordProtected`가 참인 경우)에 접속하려고 시도하면 비밀번호 입력 필드를 표시한다.
- 서버를 등록할 때 맵, 모드 등의 게임 정보를 `Comments` 필드에 저장하고, 사용자가 검색 결과를 필터링할 수 있게 한다.

전용 서버 모델 구축

많은 게임에서 플레이어는 게임 클라이언트와 별도의 애플리케이션으로서 자신만의 전용 서버를 호스팅할 수 있다. 일부 게임에서는 스크립트 언어를 통해 서버의 작동까지 수정할 수 있으며, 이를 통해 원래 게임 설계에 없던 참신한 동작을 채용하는 플레이어 운영 서버들이 등장하기도 한다.

유니티에서 유사한 시스템을 설정하는 방법을 살펴보자. 여기서 MOD[1] 에 대해서는 다루지 않는다. 독자들은 유니티에서 루아^Lua 스크립트에 대해서 찾아볼 수도 있다 (이 주제에 대한 자료는 많다).

유니티에서의 서버

대부분의 게임들은 전용 서버로 동작되도록 고안된 전문적인 '서버' 빌드를 가지고 있는데, 여기에는 상당 부분 클라이언트와 똑같은 코드가 포함되어 있다. 이를 통해 서버는 클라이언트와 동일한 로직을 처리할 수 있다.

하지만 유니티는 이 개념에 대한 직접적인 지원을 기본으로 제공하지 않는다. 유니티 프로 버전은 '헤드리스 모드^headless mode'로 빌드를 실행하는 것을 지원하는데, 이 모드에서는 그래픽, 리소스 등을 전혀 초기화하지 않고 게임을 실행하지만, 서버는 클라이언트와 정확히 똑같은 코드를 실행한다. 게임은 서버와 클라이언트 모드 양쪽에서 모두 동작되도록 설계돼야 한다.

이를 위해, 우리는 '조건부 컴파일^conditional compilation'이라고 불리는 컴파일러 기능을 활용하려고 한다. 이 기능을 이용하면 특수 태그 안에 코드를 둘러싼 다음, 컴파일할

---

1 출시된 게임의 내부 데이터를 유저가 수정해서 새롭게 만들어낸 게임 – 옮긴이

때 해당 코드 섹션을 통째로 건너뛸 수 있다. 이 방식으로 서버에만 관련된 코드는 서버 빌드에만 포함되고, 클라이언트에만 관계된 코드는 클라이언트 빌드에만 포함될 것이다.

컴파일러 지시자

가장 먼저 할 일은 애플리케이션에게 자신이 클라이언트인지 서버인지 알려 주는 방법을 찾아내는 것이다. 이를 위해 컴파일러 지시자^{directive}를 이용하려고 한다.

유니티4를 이용하고 있다면, Edit ➤ Project Settings ➤ Player로 이동해서 Other Settings 밑에서 이를 선언하는 부분을 찾아낼 수 있다.

하지만, 유니티 4 이전의 버전에서는 이것을 직접 선언해야 한다. 이를 위해서 Assets 폴더에 새로운 텍스트 파일을 생성한다. 새로운 텍스트 파일을 생성해서 smcs.rsp라고 이름을 붙인다. 노트패드를 열고 다음과 같이 입력한다.

```
-define:SERVER
```

이렇게 하면 C# 스크립트에 대한 전역 기호 선언이 만들어진다. 이 기호는 다음과 같이 사용한다.

```
#if SERVER
    // 이 부분의 코드는 SERVER가 정의되어 있지 않으면 컴파일되지 않는다
#endif
```

편집기 스크립트를 작성해서 이 파일의 내용을 바꿔치는 방법을 고려할 수도 있다(클라이언트용으로 파일할 때는 SERVER를 CLIENT로 바꾸고 서버용일 때는 그 반대로 바꾼다). 이 파일의 변경만으로 자동으로 재컴파일이 되지는 않는다는 점에 유의해야 하며, 파일을 변경할 때 스크립트 중 하나를 저장해야 한다. 편집기 스크립트에서 `AssetDatabase.Refresh(` `ImportAssetOptions.ForceUpdate)`를 호출하는 식으로 이 과정을 자동 처리할 수도 있다.

애플리케이션이 서버용인지 클라이언트용인지를 판단할 수 있게 됐으므로, 이제 서버가 가급적 자동으로 동작되게 하는 방법을 찾아야 할 것이다. 예를 들어, 서버에는

서버 실행 전에 사용자가 네트워크 설정을 구성할 수 있게 해주는 환경설정 파일이 있을 것이다. 이 책에서 환경 설정 파일을 로드하는 방법(XML이나 JSON 형식이 권장된다)을 다루지는 않겠지만, 일단 이 파일이 로드되고 나면 서버는 바로 환경 설정 파일에 있는 데이터(예를 들어, 서버명, 최대 접속수, 연결 포트, 비밀번호 등)를 이용해서 초기화되고 마스터 서버에 등록돼야 한다.

프로 버전이 아닌 경우의 서버 콘솔 구축

대개의 경우, 게임 서버는 콘솔 애플리케이션이다. 프로 버전 라이선스를 구입해서 실행 파일에 -batchmode 인수를 붙인다면 유니티에서도 가능할 것이다(실제로 유니티에서는 콘솔 창이 생성되지 않고, 대신 게임이 백그라운드에서 실행되는 것이다). 프로 버전을 가지고 있다면 이번 절은 건너뛰어도 무방하다. 하지만, 무료 라이선스라면 약간의 꼼수가 필요하다.

우리는 서버가 가급적 적은 자원을 사용하기를 원한다. 이를 위해서 서버 모드로 실행 중일 때 씬 렌더링을 끄는 스크립트를 만들 수 있다. 이렇게 해도 커맨드라인 모드에서 실행될 때처럼 렌더링 시스템이 완전히 비활성화되지는 않지만, 서버의 GPU 부하를 대폭 경감시킨다.

```
using UnityEngine;
using System.Collections;

public class DisableServerCamera : MonoBehavior
{
#if SERVER
  void Update()
  {
    // 컬링 마스크는 비트마스크 – 모든 비트를 0으로 설정하면 아무 것도
    // 렌더링하지 않는다는 뜻이다
    camera.cullingMask = 0;
  }
#endif
}
```

이 스크립트를 카메라에 부착시키면 해당 카메라는 서버에서 실행 중일 때 아무것도 렌더링하지 않게 될 것이다.

다음으로 서버를 위한 콘솔 형식의 화면을 구성하려고 한다. 이 '콘솔'은 내장 Debug 클래스와 연동되어 스크롤되는 메시지 목록을 표시할 것이다. Application. RegisterLogCallback을 통해 이를 처리한다.

```csharp
using UnityEngine;
using System.Collections;
using System.Collections.Generic;

// 로그 메시지에 대한 데이터를 포함한다
struct LogMessage
{
  public string message;
  public LogType type;
}

public class CustomLog : MonoBehavior
{
  // 얼마나 많은 과거 로그 메시지를 저장할 것인가
  public int MaxHistory = 50;

  // 저장된 로그 메시지 목록
  private List<LogMessage> messages = new List<LogMessage>();

  // 스크롤 뷰 내에서의 위치
  private Vector2 scrollPos = Vector2.zero;

  void OnEnable()
  {
    // 커스텀 로그 처리기를 등록한다
    Application.RegisterLogCallback( HandleLog );
  }

  void OnDisable()
  {
```

```csharp
  // 로그 처리기를 등록 해제한다
  Application.RegisterLogCallback( null );
}

void OnGUI()
{
  scrollPos = GUILayout.BeginScrollView( scrollPos, GUILayout.
    ExpandWidth( true ), GUILayout.ExpandHeight( true ) );

  // 각각의 디버그 로그를 표시한다 - 로그 유형에 따라 색상을 변경한다
  for( int i = 0; i < messages.Count; i++ )
  {
    Color color = Color.white;
    if( messages[i].type == LogType.Warning )
    {
      color = Color.yellow;
    }
    else if( messages[i].type != LogType.Log )
    {
      color = Color.red;
    }

    GUI.color = color;
    GUILayout.Label( messages[i].message );
  }
  GUILayout.EndScrollView();
}

void HandleLog( string message, string stackTrace, LogType type )
{
  // 메시지를 추가하고, 지나치게 많으면 항목들을 제거한다
  LogMessage msg = new LogMessage();
  msg.message = message;
  msg.type = type;

  messages.Add( msg );
```

```
    if( messages.Count >= MaxHistory )
    {
      messages.RemoveAt( 0 );
    }

    // 상당히 큰 값을 설정해서 가장 최근의 메시지까지 스크롤하면
    // 자동적으로 고정될 것이다
    scrollPos.y = 1000f;
  }
}
```

이제 서버가 실행될 때 사용자는 디버그 정보가 출력되는 것을 관찰할 수 있는데, 정말로 매우 유용한 기능이다.

가급적 최대한 많은 코드를 재사용하도록 노력해야 한다. 실제 게임에서 클라이언트 내에서 플레이어가 게임을 호스팅하도록 허용한다면, 동일한 코드 대부분은 몇 가지 사소한 차이점이 있을 뿐, 제대로 동작할 것이다.

- 앞에서 언급한 바와 같이, 서버는 사용자가 편집할 수 있는 파일에서 로드된 환경 설정으로 자동 시작한다(클라이언트와 다른 점).
- 클라이언트와 달리 서버는 자체적인 플레이어 오브젝트를 전혀 생성하지 않는다.
- 서버는 로그 덤프 외에 사용자에게 표시할 UI나 메뉴를 전혀 가지고 있지 않다. 서버를 시작하거나 중지하는 것 외에 서버 애플리케이션과의 상호작용은 전혀 존재하지 않는다.

네트워크에 접속된 레벨의 로딩

유니티 게임 엔진에서 네트워크에 접속된 레벨을 로드하는 데는 몇 가지 기법이 있다. 단순히 Application.LoadLevel만을 사용한다면, 몇 가지 이슈에 부딪칠 것이다. 구체적으로는 게임에 접속 중인 클라이언트에서 Network.Instantiate를 통해 인스턴스화된 오브젝트들이 아무 것도 보이지 않을 수도 있다. 그 이유는 레벨 로딩 과정이 즉각적으로 이루어지지 않기 때문이며, 실제로 완료하는 데 2프레임이 소요된다. 이 과정이 네트워크에 접속된 오브젝트의 목록이 수신된 다음에 일어나므로, 로딩 과

정에서 오브젝트들이 사라진다.

Application.LoadLevel은 순전히 클라이언트 사이드라는 점에 유의한다. 유니티는 네트워크에 접속된 게임에서 클라이언트나 서버가 어떤 레벨을 로드하는지에 대해 아무런 제한을 가하지 않는다. 실제로 네트워크 연결 세션 내에서 서로 다른 레벨을 가지는 것도 완벽하게 가능하며, 이것이 Network.SetLevelPrefix가 존재하는 이유다. 이런 레벨들 각각에는 레벨을 고유하게 식별해주는 일종의 'ID'가 부여된다. 레벨을 로드하기 전에 Network.SetLevelPrefix를 사용해야 할 것이다. 이렇게 하면 기본적으로 플레이어들이 채널로 분리된다. 예를 들어, 레벨 접두사 0을 가진 모든 플레이어들은 레벨 접두사 1을 가진 플레이어들과 격리된다.

우리 게임에서 모든 클라이언트들이 동일한 레벨을 로드해야 한다면, 직접 이를 보장하도록 처리해야 한다. 호스트와 다른 레벨 접두사를 설정하지 않았는데도 클라이언트에 호스트와 다른 레벨이 로드되어 있다면, 클라이언트는 플레이어가 떠다닌다든지 땅속으로 가라앉는 것같이 기묘한 상황에 처할 수 있다(플레이어는 한 레벨에서는 다리 위에 서 있다가, 다른 레벨에서는 동일한 위치에 빌딩이 있는 관계로, 빌딩 안으로 잘려 들어간 것처럼 보일 수 있다).

네트워크에 접속된 게임에서 레벨을 로드하는 올바른 방법은 우선 네트워크 대기열 queue을 비활성시킨 다음, 레벨을 로드하고 2프레임을 기다렸다가 네트워크 대기열을 다시 활성화시키는 것이다. 이는 도착하는 즉시 메시지가 처리되지 않고 버퍼링된다는 뜻이다.

이런 과정을 전체적으로 처리할 간단한 네트워크 레벨 로더loader를 작성해 보자. 이 로더는 싱글턴으로 설계됐으므로 씬 내에 존재할 필요가 없다(자동 생성될 것이다).

```
using UnityEngine;
using System.Collections;

public class NetworkLevelLoader : MonoBehavior
    {
    // 싱글턴 스타일의 동작을 구현한다
    public static NetworkLevelLoader Instance
        {
```

```
    get
    {
      // 인스턴스가 아직 없다면? 새로 하나 생성한다
      if( instance == null )
      {
        GameObject go = new GameObject( "_networkLevelLoader" );
        // 계층 뷰를 차지하지 않도록 숨긴다
        go.hideFlags = HideFlags.HideInHierarchy;
        instance = go.AddComponent<NetworkLevelLoader>();

        // 새로운 씬이 로드될 때 소멸시키지 않는다
        GameObject.DontDestroyOnLoad( go );
      }
      return instance;
    }
}
private static NetworkLevelLoader instance;

public void LoadLevel( string levelName, int prefix = 0 )
{
  StopAllCoroutines();
  StartCoroutine( doLoadLevel( levelName, prefix ) );
}


// 네트워크 대기열을 일시 정지시키고 레벨을 로드한 다음
// 기다리다가 일시 정지를 해제한다

IEnumerator doLoadLevel( string name, int prefix )
{
  Network.SetSendingEnabled( 0, false );
  Network.isMessageQueueRunning = false;

  Network.SetLevelPrefix( prefix );
  Application.LoadLevel( name );
  yield return null;
  yield return null;
```

```
    Network.isMessageQueueRunning = true;
    Network.SetSendingEnabled( 0, true );
  }
}
```

이제 `Application.LoadLevel`에 대한 호출을 모두 `NetworkLevelLoader.Instance.LoadLevel`로 대체할 수 있다. 예를 들어, 방금 작성한 헬퍼 클래스에서 버퍼링된 RPC를 통해 서버가 레벨을 로드하는 RPC를 호출함으로써 모든 클라이언트가 자동으로 레벨을 로드하게 될 것이다.

 많은 FPS 게임에서는 한 판이 끝나고 나면 새로운 맵에 대해 플레이어가 투표를 하곤 하는데, 이런 경우처럼 서버에서 접속 도중에 레벨을 변경해야 한다면, 상황이 약간 더 복잡해진다. 서버는 우선 네트워크에 접속된 오브젝트 중 플레이어에게 소속된 것들을 모두 삭제하고, Network.RemoveRPC를 통해 플레이어들에게 받은 모든 RPC를 제거한 다음, 로드 레벨 RPC를 호출해야 한다.

멀티플레이어 퐁 게임 제작

유니티 네트워킹의 기초를 익혔으므로, 이를 응용해서 멀티플레이어 퐁Pont 유사 게임을 제작해 보려고 한다.

이 게임은 표준 퐁 게임과 플레이 방식이 상당히 유사하다. 플레이어는 자신의 이름을 선택하고, 이어서 열려 있는 서버 목록을 살펴볼 수 있다(전체 방들이 표시되지는 않는다). 추가로 플레이어는 자신만의 게임을 호스팅할 수 있다.

일단 게임에 들어가면, 플레이어는 공이 상대편 쪽에 닿을 때까지 앞뒤로 공을 튕겨내야 한다. 상대편 쪽에 닿으면 플레이어는 1점을 얻고, 공이 초기화되어 다시 튕기면서 움직이게 된다. 한 플레이어가 10점에 도달하면 승자가 선언되어 점수가 초기화되고, 게임이 계속된다. 대전 상대 플레이어가 없는 경우, 서버가 사용자에게 기다리라고 알려준다. 플레이어가 떠나면, 대전이 초기화된다(호스트가 떠나면, 상대편 플레이어는 자동으로 접속이 끊어진다).

필드 준비

첫 번째로, GameObject ➤ Create Other ➤ Cube로 이동해서 정육면체를 생성하고 1×1×4로 크기를 조정한다. Paddle^{막대기}이라고 이름을 붙이고 Tag를 Player로 설정한다. 충돌체의 Is Trigger 상자를 체크한다.

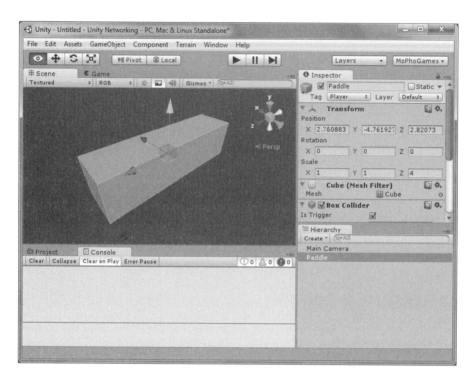

공은 플레이어 막대의 트리거 영역에 언제 부딪치는지를 감지해서 방향을 반대로 바꾼다. 반드시 유니티 물리 엔진을 사용해 현실적으로 공을 시뮬레이션하지는 않아도 되기 때문에, 트리거를 이용한다(최소한도로만 공의 물리 처리에 대해 제어하므로, 공이 우리가 기대하는 대로 정확히 동작하지 않을 수 있다).

플레이 필드를 트리거 상자와 정렬시키려고 한다. 이를 위해 막대를 4번 복제해서 플레이 필드의 경계선을 나타내는 커다란 사각형을 만든다. 공이 이리저리 움직일 수 있는 여유만 있다면, 실제 크기는 그다지 중요하지 않다. 이 경계에 대한 태그로 Boundary와 Goal 두 개를 더 추가한다. 위쪽과 아래쪽의 두 상자는 Boundary로 태그되고, 왼쪽과 오른쪽은 Goal로 태그된다.

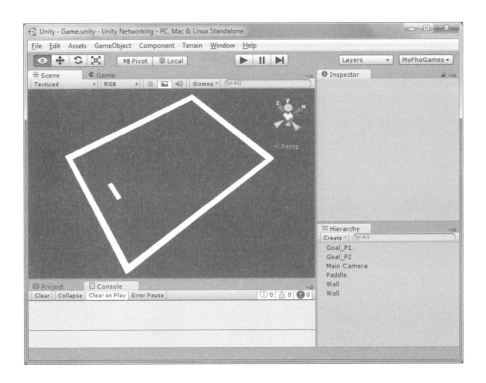

공이 Boundary로 태그된 트리거에 부딪치면, z축 기준으로 속도를 반전시킨다. 공이 Player로 태그된 트리거에 부딪치면, x축 기준으로 속도를 반전시킨다. 그리고 공이 Goal로 태그된 트리거에 부딪치면 해당하는 플레이어가 점수를 얻고 공은 초기화 된다.

코드 작성에 앞서 플레이 필드를 마무리하자.

1. 우선, 카메라를 Orthographic^{직교}로 설정하고 (0, 10, 0)에 위치시킨다. 카메라가 바로 아래를 가리키도록 x축 기준으로 90도 회전시키고, Orthographic Size를 플레이 필드 경계선으로 충분할 정도의 큰 값으로 설정한다. 예제의 경우에는 15로 설정했다. 카메라의 배경 색상을 검정색으로 설정한다.

2. 바로 아래쪽을 가리키는 지향광을 생성한다. 이 지향광은 막대기와 공을 비추어 순백색으로 만들 것이다.

3. 마지막으로, 플레이어 막대를 복제해서 필드의 반대편으로 이동시킨다.

Ball 스크립트

이제 Ball 스크립트를 생성해 보자. 당장은 오프라인 상태뿐이므로, 멀티플레이어 코드는 나중에 추가할 것이다.

```
using UnityEngine;
using System.Collections;

public class Ball : MonoBehavior
{
  // 공의 시작 속도
  public float StartSpeed = 5f;

  // 공의 최대 속도
  public float MaxSpeed = 20f;

  // 공이 튕겨질 때마다 빨라지는 정도
  public float SpeedIncrease = 0.25f;

  // 공의 현재 속도
  private float currentSpeed;

  // 현재 이동 방향
  private Vector2 currentDir;

  // 공의 초기화 여부
  private bool resetting = false;

  void Start()
  {
    // 시작 속도를 초기화한다
    currentSpeed = StartSpeed;

    // 방향을 초기화한다
    currentDir = Random.insideUnitCircle.normalized;
  }

  void Update()
```

```
{
  // 초기화 중이라면 공을 이동시키지 않는다
  if( resetting )
    return;
  // 현재 방향으로 공을 이동시킨다
  Vector2 moveDir = currentDir * currentSpeed * Time.deltaTime;
  transform.Translate( new Vector3( moveDir.x, 0f, moveDir.y ) );
}

void OnTriggerEnter( Collider other )
{
  if( other.tag == "Boundary" )
  {
    // 수직 경계, Y 방향을 반전한다
    currentDir.y *= -1;
  }
  else if( other.tag == "Player" )
  {
    // 플레이어 막대, X 방향을 반전한다
    currentDir.x *= -1;
  }
  else if( other.tag == "Goal" )
  {
    // 공을 초기화한다
    StartCoroutine( resetBall() );
    // 점수를 알려준다
    other.SendMessage( "GetPoint",
      SendMessageOptions.DontRequireReceiver );
  }

  // 속도를 증가시킨다
  currentSpeed += SpeedIncrease;

  // 속도를 최대치로 고정한다
  currentSpeed = Mathf.Clamp( currentSpeed, StartSpeed, MaxSpeed );
}
```

```
IEnumerator resetBall()
{
    // 위치, 속도, 방향을 초기화한다
    resetting = true;
    transform.position = Vector3.zero;

    currentDir = Vector3.zero;
    currentSpeed = 0f;
    // 라운드 시작 전에 3초간 기다린다
    yield return new WaitForSeconds( 3f );

Start();

    resetting = false;
    }
}
```

공을 생성하기 위해 이전과 마찬가지로 정육면체를 생성한다. 정육면체는 기본 설정으로 1×1×1의 크기를 가지고 있을 것이다. 위치를 원점(0, 0, 0)으로 설정한다. 정육면체에 Rigidbody 컴포넌트를 추가한 다음, **Use Gravity** 체크 상자의 체크를 해제하고 **Is Kinematic** 체크 상자를 체크한다. Rigidbody 컴포넌트는 공이 OnTriggerEnter 이벤트를 받는 데 활용된다. 유니티 물리 엔진을 활용하지 않고 우리가 직접 공을 제어할 예정이기 때문에 Is Kinematic이 활성화된다.

방금 생성한 새로운 Ball 컴포넌트를 추가한 다음 게임을 테스트해 본다. 다음과 같은 화면이 보일 것이다.

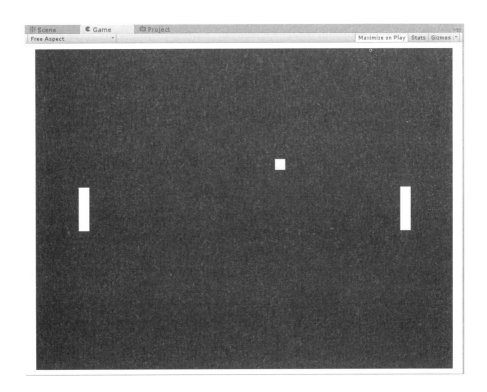

공이 필드 여기저기로 튕기는 광경을 보게 될 것이다. 공은 양쪽 끝에 닿으면 필드의 중앙으로 옮겨진 다음, 3초간 정지했다가 다시 움직이기 시작할 것이다. 아직 막대를 사용할 수 없는 관계로 공이 번번이 막대를 지나서 바로 튕기게 되므로, 이 과정은 상당히 빨리 진행될 것이다.

Paddle 스크립트

플레이어 컨트롤을 프로젝트에 추가해 보자. 현재 시점에는 플레이어 막대 두 개가 나란히 동일한 컨트롤로 움직이리라는 것을 알 수 있다. 이것은 당장은 괜찮지만, 나중에는 네트워크 뷰가 로컬 클라이언트에 속하는지의 여부에 따라 플레이어 입력을 비활성화할 것이다(AcceptsInput이 활용된다).

```
using UnityEngine;
using System.Collections;
```

```
public class Paddle : MonoBehavior
{
    // 막대가 얼마나 빨리 움직일 수 있는가
    public float MoveSpeed = 10f;

    // 막대가 어디까지 아래 위로 움직일 수 있는가
    public float MoveRange = 10f;

    // 이 막대가 플레이어 입력을 받아들일 수 있는가
    public bool AcceptsInput = true;

    void Update()
    {
        // 입력을 받아들이지 않으므로, 중지한다
        if( !AcceptsInput )
            return;

        // 사용자 입력을 받는다
        float input = Input.GetAxis( "Vertical" );

        // 막대를 움직인다
        Vector3 pos = transform.position;
        pos.z += input * MoveSpeed * Time.deltaTime;

        // 막대 위치를 고정시킨다
        pos.z = Mathf.Clamp( pos.z, -MoveRange, MoveRange );

        // 위치를 설정한다
        transform.position = pos;
    }
}
```

이제 막대를 아래위로 움직여서, 공을 앞뒤로 튕겨낼 수 있게 됐다. 공은 튕겨질 때
골의 한쪽에 부딪칠 때까지 천천히 속도가 증가하는데, 공이 골에 부딪치면 라운드가
초기화된다.

점수 기록

이제 점수 기록기를 만들려고 한다. 점수 기록기는 양쪽 플레이어의 점수를 기록 관리하며, 나중에는 다른 플레이어의 참여를 기다릴지 여부와 같은 사항들까지 기록 관리하게 될 것이다.

```
using UnityEngine;
using System.Collections;

public class Scorekeeper : MonoBehavior
{
  // 플레이어가 도달할 수 있는 최고 점수
  public int ScoreLimit = 10;

  // 플레이어 1의 점수
  private int p1Score = 0;

  // 플레이어 2의 점수
  private int p2Score = 0;

  // 해당하는 플레이어에게 1점을 부여한다
  public void AddScore( int player )
  {
    // 플레이어 1
    if( player == 1 )
    {
      p1Score++;
    }
    // 플레이어 2
    else if( player == 2 )
    {
      p2Score++;
    }

    // 어느 한쪽 플레이어가 점수 한계에 도달했는지 체크한다
    if( p1Score >= ScoreLimit || p2Score >= ScoreLimit )
    {
```

```
      // 플레이어  1은 플레이어 2보다 높은 점수를 가지고 있다
      if( p1score > p2score )
        Debug.Log( "Player 1 wins" );
      // 플레이어  2는 플레이어 1보다 높은 점수를 가지고 있다
      if( p2score > p1score )
        Debug.Log( "Player 2 wins" );
      // 양쪽 플레이어의 점수가 같다 - 동점
      else
        Debug.Log( "Players are tied" );

      // 점수를 초기화하고 재시작한다
      p1Score = 0;
      p2Score = 0;
    }
  }
}
```

점수 기록기로 각 플레이어의 점수를 기록할 수 있으므로, 골을 넣어서 Goal 스크립트로 점수를 추가해 보자. Goal 스크립트는 매우 간단하며, 충돌 즉시 공에서 송신되는 GetPoint 메시지에 반응해서 상대편 플레이어에게 점수를 부여한다.

```
using UnityEngine;
using System.Collections;

public class Goal : MonoBehavior
{
  // 이 골에 대해 점수를 얻는 플레이어는 1 아니면 2
  public int Player = 1;

  // 점수 기록기
  public Scorekeeper scorekeeper;

  public void GetPoint()
  {
    // 공이 이 골에 충돌하면,  플레이어에게 1점을 부여한다
    scorekeeper.AddScore( Player );
```

```
    }
}
```

이 스크립트를 양쪽 골에 모두 부착한다. 공이 플레이어 1의 골에 들어가면 플레이어 2가 점수를 얻게 되므로, 플레이어 1의 골에 대해서는 Player를 2로 설정하고, 공이 플레이어 2의 골에 들어가면 플레이어 1이 점수를 얻게 되므로, 플레이어 2의 골에 대해서는 Player를 2로 설정한다.

멀티플레이어 기능만 빼고는 게임이 기능적으로는 이제 거의 완성됐다. 게임이 끝나기 전까지 획득 점수를 알 수 없다는 문제가 있으므로, 점수 표시를 추가해 보자.

플레이어의 점수 표시

두 개의 3D Text 오브젝트를 점수 기록기의 자식으로 생성한다. 그것들에 p1Score와 p2Score라는 이름을 붙이고, 필드의 양쪽 측면 끝에 위치시킨다.

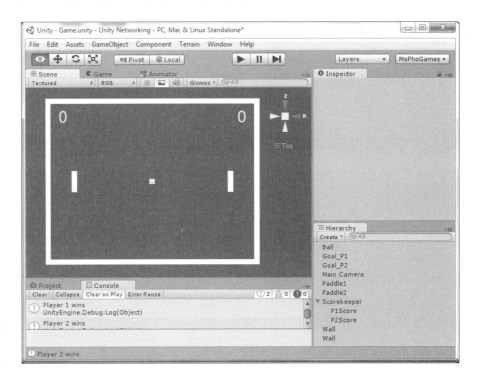

점수 기록기가 플레이어 점수를 표시하도록 만들어 보자.

```csharp
using UnityEngine;
using System.Collections;

public class Scorekeeper : MonoBehavior
{
  // 플레이어가 도달할 수 있는 최고 점수
  public int ScoreLimit = 10;

  // 플레이어 1의 점수 표시 텍스트
  public TextMesh Player1ScoreDisplay;

  // 플레이어 2의 점수 표시 텍스트
  public TextMesh Player2ScoreDisplay;

  // 플레이어 1의 점수
  private int p1Score = 0;

  // 플레이어 2의 점수
  private int p2Score = 0;

  // 해당하는 플레이어에게 점수를 부여한다
  public void AddScore( int player )
  {
    // 플레이어 1
    if( player == 1 )
    {
      p1Score++;
    }
    // 플레이어 2
    else if( player == 2 )
    {
      p2Score++;
    }

    // 어느 한쪽 플레이어가 점수 한계에 도달했는지 체크한다
```

```
if( p1Score >= ScoreLimit || p2Score >= ScoreLimit )
{
    // 플레이어 1이 플레이어 2보다 높은 점수를 가지고 있다
    if( p1Score > p2Score )
        Debug.Log( "Player 1 wins" );
    // 플레이어 2가 플레이어 1보다 높은 점수를 가지고 있다
    if( p2Score > p1Score )
        Debug.Log( "Player 2 wins" );
    // 양쪽 플레이어가 같은 점수를 가지고 있다 - 동점
    else
        Debug.Log( "Players are tied" );

    // 점수를 초기화하고 재시작한다
    p1Score = 0;
    p2Score = 0;
}

// 각 플레이어의 점수를 표시한다
Player1ScoreDisplay.text = p1Score.ToString();
Player2ScoreDisplay.text = p2Score.ToString();
}
}
```

이제 플레이어가 점수를 얻을 때 점수가 제대로 표시된다. 공이 필드 여기저기로 튕겨져야 하며, 막대로 공을 튕겨낼 수 있어야 한다. 반드시 테스트 실행을 해보기 바란다. 공이 플레이어 1의 골에 부딪치면, 플레이어 2가 1점을 얻어야 하고, 그 반대도 마찬가지다. 한 플레이어가 10점을 얻으면, 양쪽의 점수가 0으로 초기화되고, 공이 화면 중앙으로 옮겨져서 게임이 재시작돼야 한다.

가장 중요한 게임플레이 요소가 완성됐으므로, 멀티플레이어 네트워킹 작업을 시작할 수 있다.

게임 네트워킹 작업

테스트 삼아 레벨이 시작되자마자 네트워크 게임이 시작되게 만들어 보자.

```
using UnityEngine;
using System.Collections;

public class RequireNetwork : MonoBehavior
{
  void Awake()
  {
    if( Network.peerType == NetworkPeerType.Disconnected )
      Network.InitializeServer( 1, 25005, true );
  }
}
```

우리가 사전에 서버를 호스팅하지 않고 레벨을 시작하더라도, 이 스크립트는 네트워크 코드가 알아서 작동되도록 처리해줄 것이다.

이제 우리의 코드가 멀티플레이어로 작동되도록 변환을 시작할 수 있다.

막대 코드부터 네트워크 처리를 시작해 보자.

```
using UnityEngine;
using System.Collections;

public class Paddle : MonoBehavior
{
  // 막대가 얼마나 빨리 움직일 수 있는가
  public float MoveSpeed = 10f;

  // 막대가 어디까지 위와 아래로 움직일 수 있는가
  public float MoveRange = 10f;

  // 이 막대가 플레이어 입력을 받을 수 있는지의 여부
  public bool AcceptsInput = true;

  // 보간(interpolation)에 활용하기 위해 네트워크에서 읽어 들인 위치
  private Vector3 readNetworkPos;

  void Start()
  {
```

```
    // 나의 막대라면 입력을 받아들이고
    // 그렇지 않고, 누군가 다른 사람의 막대라면 받아들이지 않는다
    AcceptsInput = networkView.isMine;
}

void Update()
{
    // 입력을 받아들이지 않고, 네트워크 위치를 보간한다
    if( !AcceptsInput )
    {
        transform.position = Vector3.Lerp( transform.position,
            readNetworkPos, 10f * Time.deltaTime );

        // 플레이어 입력을 이용하지 않는다
        return;
    }

    // 사용자 입력을 받는다
    float input = Input.GetAxis( "Vertical" );

    // 막대를 움직인다
    Vector3 pos = transform.position;
    pos.z += input * MoveSpeed * Time.deltaTime;

    // 막대 위치를 고정한다
    pos.z = Mathf.Clamp( pos.z, -MoveRange, MoveRange );

    // 위치를 설정한다
    transform.position = pos;
}

void OnSerializeNetworkView( BitStream stream )
{
    // 정보를 기록하면서 현재 막대 위치를 밀어 넣는다
    if( stream.isWriting )
    {
        Vector3 pos = transform.position;
```

```
        stream.Serialize( ref pos );
    }
    // 정보를 읽으면서 현재 막대 위치를 읽는다
    else
    {
      Vector3 pos = Vector3.zero;
      stream.Serialize( ref pos );
      readNetworkPos = pos;
    }
  }
}
```

막대는 자신이 해당 로컬 플레이어에게 소유되어 있는지 여부를 판단할 것이다. 만일 그렇지 않다면, 막대는 플레이어 입력을 받아들이지 않고 대신에 자신의 위치와 네트워크에서 마지막으로 읽어 들인 위치값을 보간한다.

기본 설정으로 네트워크 뷰는 부착된 트랜스폼을 직렬화한다. 이것은 테스트 목적에서는 괜찮지만, 실제 제작에서는 사용되지 말아야 한다. 보간이 없다면 움직임이 부자연스럽게 끊겨 보일 것이다. 대역폭을 절약하기 위해 위치가 초당 고정된 횟수(유니티 네트워크의 기본 설정은 15초)로 전송되기 때문인데, 초당 15번 탁탁 끊기는 움직임은 부자연스러워 보일 것이다. 이를 해결하기 위해 새로운 위치로 즉각적으로 움직이는 대신에 부드럽게 보간하려고 한다. 이 경우에, 프레임 증분에 숫자(클수록 빨라지고, 적을수록 느려짐)를 곱해서 활용하면 좀 더 움직임이 자연스러워진다. 오브젝트는 재빠르게 목표값에 근접하기 시작하고, 목표값에 가까워질수록 느려진다.

직렬화를 할 때는 스트림이 읽기를 위한 것인지 쓰기를 위한 것인지에 따라 위치를 읽고 그것을 저장하든가 아니면 현재 트랜스폼 위치를 전송한다.

이제 Network View를 막대 중 하나에 추가하고, Paddle에 부착된 패널 컴포넌트를 Observer 슬롯으로 드래그한 다음, 그것을 Project 패널 안으로 드래그해서 프리팹으로 만든다.

다음으로, 씬에서 막대를 삭제하고 사용된 막대가 있던 위치에 두 개의 빈 게임 오브젝트를 생성한다. 이 곳이 막대가 등장할 때 각 막대의 시작 위치가 될 것이다.

막대 등장시키기

이제 점수 기록기로 이 막대들을 등장시켜 보자. 점수 기록기는 플레이어가 접속하자마자 막대를 등장시키기 위해 플레이어에게 RPC를 보낼 것이다.

```
using UnityEngine;
using System.Collections;

public class Scorekeeper : MonoBehavior
{
  // 플레이어가 도달할 수 있는 최고 점수
  public int ScoreLimit = 10;

  // 각 플레이어 막대의 시작 위치
  public Transform SpawnP1;
  public Transform SpawnP2;

  // 막대 프리팹
  public GameObject paddlePrefab;

  // 플레이어 1의 점수 표시 텍스트
  public TextMesh Player1ScoreDisplay;

  // 플레이어 2의 점수 표시 텍스트
  public TextMesh Player2ScoreDisplay;

  // 플레이어 1의 점수
  private int p1Score = 0;

  // 플레이어 2의 점수
  private int p2Score = 0;

  void Start()
  {
    if( Network.isServer )
    {
      // 서버는 OnPlayerConnected를 트리거하지 않고, 수동으로 등장시킨다
      Network.Instantiate( paddlePrefab, SpawnP1.position,
```

```csharp
                   Quaternion.identity, 0 );
   }
}


void OnPlayerConnected( NetworkPlayer player )
{
  // 플레이어가 참여하면, 등장시키라고 알려준다.
  networkView.RPC( "net_DoSpawn", player, SpawnP2.position );
}


[RPC]
void net_DoSpawn( Vector3 position )
{
  // 플레이어 막대를 등장시킨다
  Network.Instantiate( paddlePrefab, position, Quaternion.identity, 0 );
}


// 해당하는 플레이어에게 점수를 부여한다
public void AddScore( int player )
{
  // 플레이어 1
  if( player == 1 )
  {
    p1Score++;
  }
  // 플레이어 2
  else if( player == 2 )
  {
    p2Score++;
  }

  // 어느 한쪽 플레이어가 점수 한계에 도달했는지 체크한다
  if( p1Score >= ScoreLimit || p2Score >= ScoreLimit )
  {
    // 플레이어 1이 플레이어 2보다 높은 점수를 가지고 있다
    if( p1Score > p2Score )
      Debug.Log( "Player 1 wins" );
```

```
      // 플레이어 2가 플레이어 1보다 높은 점수를 가지고 있다
      if( p2Score > p1Score )
        Debug.Log( "Player 2 wins" );
      // 양쪽 플레이어가 똑같은 점수를 가지고 있다 - 동점
      else
        Debug.Log( "Players are tied" );

      // 점수를 초기화하고 재시작한다
      p1Score = 0;
      p2Score = 0;
    }

    // 각 플레이어의 점수를 표시한다
    Player1ScoreDisplay.text = p1Score.ToString();
    Player2ScoreDisplay.text = p2Score.ToString();
  }
}
```

지금 게임을 시작하면, 플레이어 1에 해당하는 한쪽 막대는 등장하지만, 플레이어 2는 빠져 있다. 플레이할 사람이 없기 때문이다. 하지만, 공은 어쨌든 플레이어 2쪽을 향해 날아가고, 플레이어 1에게 공짜 점수를 준다.

공의 네트워크 연결

플레이할 상대가 아무도 없을 때는 공을 제 위치에 고정시켜 놓자. 이어서 공에 네트워크에 연결된 움직임을 추가해 보려고 한다.

```
using UnityEngine;
using System.Collections;

public class Ball : MonoBehavior
{
  // 공의 시작 속도
  public float StartSpeed = 5f;

  // 공의 최대 속도
```

```csharp
public float MaxSpeed = 20f;

// 매번 튕길 때마다 공이 얼마나 빨라질 것인가
public float SpeedIncrease = 0.25f;

// 공의 현재 속도
private float currentSpeed;

// 현재 이동 방향
private Vector2 currentDir;

// 공을 초기화할 것인지의 여부
private bool resetting = false;

void Start()
{
  // 시작 속도를 초기화한다
  currentSpeed = StartSpeed;

  // 방향을 초기화한다
  currentDir = Random.insideUnitCircle.normalized;
}

void Update()
{
  // 초기화 중이라면 공을 움직이지 않는다
  if( resetting )
    return;

  // 플레이할 상대가 없다면 공을 움직이지 않는다
  if( Network.connections.Length == 0 )
    return;

  // 공을 현재 방향으로 움직인다
  Vector2 moveDir = currentDir * currentSpeed * Time.deltaTime;
  transform.Translate( new Vector3( moveDir.x, 0f, moveDir.y ) );
}
```

```csharp
void OnTriggerEnter( Collider other )
{
    // 위와 아래쪽 벽에서 튕겨낸다
    if( other.tag == "Boundary" )
    {
        // 수직 경계, Y 방향을 반전시킨다
        currentDir.y *= -1;
    }
    // 플레이어 막대를 튕겨낸다
    else if( other.tag == "Player" )
    {
        // 플레이어 막대, X 방향을 역전시킨다
        currentDir.x *= -1;
    }
    // 골을 맞췄고, 우리가 서버라면, 해당하는 플레이어에게 점수를 부여한다
    else if( other.tag == "Goal" && Network.isServer )
    {
        // 공을 초기화한다
        StartCoroutine( resetBall() );
        // 점수를 알려준다
        other.SendMessage( "GetPoint", SendMessageOptions,
            DontRequireReceiver );
    }

    // 속도를 증가시킨다
    currentSpeed += SpeedIncrease;

    // 속도를 최대값으로 고정한다
    currentSpeed = Mathf.Clamp( currentSpeed, StartSpeed, MaxSpeed );
}

IEnumerator resetBall()
{
    // 위치, 속도, 방향을 초기화한다
    resetting = true;
    transform.position = Vector3.zero;
```

```
    currentDir = Vector3.zero;
    currentSpeed = 0f;

    // 라운드를 시작하기 전에 3초간 기다린다
    yield return new WaitForSeconds( 3f );

    Start();

    resetting = false;
  }

void OnSerializeNetworkView( BitStream stream )
  {
    // 위치, 방향, 속도를 네트워크에 기록한다
    if( stream.isWriting )
    {
      Vector3 pos = transform.position;
      Vector3 dir = currentDir;
      float speed = currentSpeed;
      stream.Serialize( ref pos );
      stream.Serialize( ref dir );
      stream.Serialize( ref speed );
    }
    // 네트워크에서 위치, 방향, 속도를 읽어 들인다
    else
    {
      Vector3 pos = Vector3.zero;
      Vector3 dir = Vector3.zero;
      float speed = 0f;
      stream.Serialize( ref pos );
      stream.Serialize( ref dir );
      stream.Serialize( ref speed );
      transform.position = pos;
      currentDir = dir;
      currentSpeed = speed;
    }
  }
}
```

공은 플레이할 상대가 없다면 멈춰 있을 것이고, 상대편이 떠나면 화면 가운데로 초기화될 것이다. 또한 공은 서버에서 시뮬레이션되어 위치/속도가 클라이언트에 전달되므로, 여러 개의 기기에서도 동시에 제대로 동작할 것이다. NetworkView를 공에 추가해서 Ball 컴포넌트를 관찰해보자.

점수 기록의 네트워크 연결

마지막 남은 퍼즐 조각 하나는 점수를 기록하는 것이다. RPC를 이용하도록 AddScore 함수를 변환하고, 한쪽 플레이어가 떠나면 점수를 초기화시키려고 한다.

```
using UnityEngine;
using System.Collections;

public class Scorekeeper : MonoBehavior
{

    // 플레이어가 도달할 수 있는 최고 점수
    public int ScoreLimit = 10;

    // 각 플레이어 막대의 시작 지점
    public Transform SpawnP1;
    public Transform SpawnP2;

    // 막대 프리팹
    public GameObject paddlePrefab;

    // 플레이어 1의 점수 표시 텍스트
    public TextMesh Player1ScoreDisplay;

    // 플레이어 2의 점수 표시 텍스트
    public TextMesh Player2ScoreDisplay;

    // 플레이어 1의 점수
    private int p1Score = 0;

    // 플레이어 2의 점수
```

```csharp
  private int p2Score = 0;

  void Start()
  {
    if( Network.isServer )
    {
      // 서버는 OnPlayerConnected을 트리거 하지 않고, 수동으로 등장시킨다
      Network.Instantiate( paddlePrefab, SpawnP1.position, Quaternion.
identity, 0 );

      // 아직 아무도 참여하지 않았으므로, 플레이어 2에 대해 "Waiting..."이라고 표시한다
      Player2ScoreDisplay.text = "Waiting...";
    }
  }


void OnPlayerConnected( NetworkPlayer player )
{
  // 플레이어가 참여하면, 등장시키라고 알려준다
  networkView.RPC( "net_DoSpawn", player, SpawnP2.position );

  // 플레이어 2의 점수 표시를 "waiting..."에서 "0"으로 바꾼다
  Player2ScoreDisplay.text = "0";
}


void OnPlayerDisconnected( NetworkPlayer player )
{
  // 플레이어 2가 떠나면, 점수를 초기화한다
  p1Score = 0;
  p2Score = 0;

  // 각 플레이어의 점수를 표시한다
  // 플레이어 2에 대해 "Waiting..."이라고 표시한다
  Player1ScoreDisplay.text = p1Score.ToString();
  Player2ScoreDisplay.text = "Waiting...";
}


void OnDisconnectedFromServer( NetworkDisconnection cause )
```

```
{
  // 메인 메뉴로 되돌아간다
  Application.LoadLevel( "Menu" );
}


[RPC]
void net_DoSpawn( Vector3 position )
{
  // 플레이어 막대를 등장시킨다
  Network.Instantiate( paddlePrefab, position, Quaternion.identity, 0 );
}


// 플레이어에게 점수를 부여하기 위해 RPC를 호출한다
public void AddScore( int player )
{
  networkView.RPC( "net_AddScore", RPCMode.All, player );
}


// 해당하는 플레이어에게 점수를 부여한다
[RPC]
public void net_AddScore( int player )
{
  // 플레이어 1
  if( player == 1 )
  {
    p1Score++;
  }
  // 플레이어 2
  else if( player == 2 )
  {
    p2Score++;
  }

  // 어느 한쪽 플레이어가 점수 한계에 도달했는지 체크한다
  if( p1Score >= ScoreLimit || p2Score >= ScoreLimit )
  {
    // 플레이어 1은 플레이어 2보다 높은 점수를 가지고 있다
```

```
    if( p1Score > p2Score )
      Debug.Log( "Player 1 wins" );
    // 플레이어 2는 플레이어 1보다 높은 점수를 가지고 있다
    if( p2Score > p1Score )
      Debug.Log( "Player 2 wins" );
    // 양쪽 플레이어가 똑같은 점수를 가지고 있다 - 동점
    else
      Debug.Log( "Players are tied" );

    // 점수를 초기화하고 재시작한다
    p1Score = 0;
    p2Score = 0;
  }

  // 각 플레이어의 점수를 표시한다
  Player1ScoreDisplay.text = p1Score.ToString();
  Player2ScoreDisplay.text = p2Score.ToString();
  }
}
```

이로써, 우리 게임의 네트워크가 완전히 구현됐다. 유일한 문제점은 아직 게임에 접속할 방법이 없다는 것이다. 플레이어가 참여하기 위해 IP 주소를 입력할 수 있는 간단한 직접 접속 대화상자를 만들어 보자.

 직접 IP 접속에서는 NAT 펀치스루가 가능하지 않다는 점에 유의한다. 마스터 서버를 활용할 때는 NAT 펀치스루를 수행할 호스트의 HostData나 GUID를 전달할 수 있다.

접속 화면

다음 스크립트는 플레이어 IP, 포트 입력 필드 그리고 Connect와 Host 버튼을 보여준다. 플레이어는 IP나 포트에 직접 접속하든지 주어진 포트로 서버를 시작할 수 있다. 직접 접속을 이용하면 플레이어가 IP를 통해 게임에 바로 접속하므로, 마스터 서버에 의존할 필요가 없다. 원한다면 직접 접속을 이용하는 대신 간단하게 로비 화면을 만

들 수 있다(플레이어가 직접 IP 주소를 입력하는 대신 실행 중인 서버의 목록을 살펴보게 하는 것이다). 간략화를 위해서, 이번 예제에서 로비 화면은 생략할 것이다.

```
using UnityEngine;
using System.Collections;

public class ConnectToGame : MonoBehavior
{
  private string ip = "";
  private int port = 25005;

  void OnGUI()
  {
    // 사용자가 IP 주소를 입력하도록 한다
    GUILayout.Label( "IP Address" );
    ip = GUILayout.TextField( ip, GUILayout.Width( 200f ) );

    // 사용자가 포트 번호를 입력하도록 한다.
    // 포트 번호는 정수이므로, 숫자 입력만 허용된다
    GUILayout.Label( "Port" );
    string port_str = GUILayout.TextField( port.ToString(),
      GUILayout.Width( 100f ) );
    int port_num = port;
    if( int.TryParse( port_str, out port_num ) )
      port = port_num;
    // IP와 포트에 접속한다
    if( GUILayout.Button( "Connect", GUILayout.Width( 100f ) ) )
    {
      Network.Connect( ip, port );
    }
    // 1개의 접속만 허용하도록, 주어진 포트로 서버를 호스팅한다
    if( GUILayout.Button( "Host", GUILayout.Width( 100f ) ) )
    {
      Network.InitializeServer( 1, port, true );
    }
  }
```

```
  void OnConnectedToServer()
  {
    Debug.Log( "Connected to server" );
    // 이번 장의 앞에서 작성한 NetworkLevelLoader이다
    // - 네트워크를 일시 정지시키고 레벨을 로드한 다음,
    // 레벨 종료를 기다렸다가, 네트워크의 일시 정지를 해제한다
    NetworkLevelLoader.Instance.LoadLevel( "Game" );
  }

  void OnServerInitialized()
  {
    Debug.Log( "Server initialized" );
    NetworkLevelLoader.Instance.LoadLevel( "Game" );
  }
}
```

이로써, 완벽하게 동작하는 멀티플레이어 퐁 게임이 완성됐다. 플레이어는 게임을 호스팅할 수 있을 뿐만 아니라, IP를 알고 있다면 게임에 참여할 수 있다.

호스트로 게임에 참여할 때는, 게임을 시작하기 전에 다른 플레이어가 나타나기를 기다리게 될 것이다. 다른 플레이어가 떠나면, 게임이 초기화되고 다시 대기 상태가 된다. 플레이어 입장에서는 호스트가 떠나면 메인 메뉴로 되돌아가게 된다.

요약

1장에서 다룬 내용은 다음과 같다.

* UDP와 신뢰성 있는 통신과 신뢰성 없는 통신의 기초
* 로비 서버 구축
* 네트워크 뷰 소개
* 오브젝트 상태를 직렬화하는 방법
* 신뢰성 있는 RPC를 보내는 방법
* 게임 서버를 호스팅하고 그것에 접속하는 방법
* 로비에 서버를 등록하는 방법

- 전용 서버의 기초
- 네트워크에 접속된 게임에서 레벨을 로드하는 방법

이런 개념들을 응용해서 유니티로 퐁 유사 게임의 멀티플레이 버전을 만들어 봤다.

다음 장에서는, 유니티 네트워킹의 서드파티 대안으로 포톤^{Photon} 유니티 네트워킹을 다룰 예정이다.

2

포톤 유니티 네트워킹: 채팅 클라이언트

1장에서는 유니티 게임 엔진에서 제공되는 유니티 네트워킹 API를 살펴봤다. 2장에서는 유니티 네트워킹의 대안 중 하나인 포톤 유니티 네트워킹^{PUN, Photon Unity Networking}을 살펴보고자 한다.

2장에서 다룰 내용은 다음과 같다.

- PUN의 동작 방식
- PUN과 유니티 네트워킹 사이의 차이점과 유사점
- 포톤 클라우드를 이용한 PUN 구축
- PhotonViews 이용법
- 포톤에 접속하기
- 방 목록 받기
- 방 생성과 참여
- 선호에 따른 로비 결과의 필터링
- 자동 매치메이킹
- FindFriends 이용법

- 플레이어 사이의 레벨 동기화
- PUN 기반 채팅 클라이언트 제작

PUN, 포톤 유니티 네트워킹은 엑시트 게임즈^ExitGames에서 제공한다. PUN은 유니티 네트워킹과 호환되면서도, 성가신 NAT 펀치스루 문제(NAT 뒤에 있는 플레이어는 종종 게임을 호스팅할 수 없다) 같이 유니티 네트워킹의 여러 가지 이슈들을 해결하는 API를 제공하는 것을 목표로 하고 있다.

포톤 유니티 네트워킹은 포톤 클라우드라고 불리는 또 다른 서비스와 함께 동작한다. 유니티 네트워킹과 마찬가지로 포톤 유니티 네트워킹은 통신에 UDP를 이용하지만, 주요한 차이는 플레이어가 직접 서버를 호스팅하지 않는다는 점이다. 대신, 클라이언트는 서버 클러스터('클라우드'라고 불리는)에 접속해서 방을 요청한다. 방은 클러스터 내의 서버 중 하나에서 생성되고, 클라이언트는 이 방에 접속한다.

이 방식은 모든 플레이어가 서로 직접 연결하지 않고 공개 서버(이상적인 네트워크 구성을 갖춘)에 접속하므로, 대부분의 경우 앞에서 언급된 유니티의 NAT 이슈를 해결한다. 자신이 호스팅한 사설 서버를 여러 사람이 접근할 수 있도록 만들기 위해, 플레이어가 직접 포트 포워딩^port-fowarding이나 기타 우회적인 수단을 처리하는 대신, 서버가 외부적으로 호스팅되고 필요한 모든 작업이 미리 처리된다. 플레이어들은 서로 직접 연결할 필요가 없으며, 통신 중개 역할을 담당할 서버에 간편하게 접속하기만 하면 된다.

추가로, '호스트'(보통은 서버를 호스팅하는 플레이어)를 대신해서 포톤 유니티 네트워킹은 '마스터 클라이언트'를 정의한다. 기본 설정으로 방을 생성하는 플레이어가 마스터 클라이언트가 되는데, 해당 플레이어가 떠나면, 또 다른 플레이어가 마스터 클라이언트로 선택된다. 유니티 네트워킹에서는 호스트가 떠나면 그냥 게임이 끝나거나 다른 곳으로 이전해야 하지만, 이와는 대조적으로 PUN에서는 게임이 매끄럽게 지속될 수 있다.

PUN과 유니티 네트워킹의 차이점

PUN은 유니티 네트워킹을 다뤄 본 개발자들에게 친숙하면서도 호환성 있는 API를 제공한다. 하지만, 중요한 차이점이 여러 가지 있으며, 일부 코드는 수정 없이는 호환되지 않는다.

PUN에서는, 거의 모든 주요 함수들이 `PhotonNetwork` 클래스(유니티의 `Network` 클래스 역할을 하도록 고안된)에 포함되어 있다. PUN에는 `MasterServer`에 해당하는 것이 없고, 필요한 모든 함수들이 `PhotonNetwork` 클래스로 옮겨져 있다.

PUN에서는 서버를 초기화하지 않고, `PhotonNetwork.CreateRoom`를 통해 '방room'을 생성한다. 방은 본질적으로 게임 서버상의 칸막이로 플레이어 그룹을 서로 분리하기 위한 것이다.

더 이상 호스트 IP라는 개념은 존재하지 않는다. 대신 방에 접속하려면, `Room`을 `JoinRoom` 함수에 전달하든지 방의 이름(방의 이름은 고유해야 한다)을 전달해야 한다.

 포톤 유니티 네트워킹의 작동 방식으로 인해 직접적인 LAN 연결은 불가능하다. 플레이어가 서로 연결하는 대신 중앙의 서버 클러스터에 접속하기 때문이다. 플레이어들은 같은 로컬 네트워크상에 있더라도 같이 플레이어하려면 인터넷에 연결해야 한다.

목적이 거의 유사하긴 하지만, PUN은 `NetworkView` 대신에 `PhotonView`를 가지고 있다. 상태 직렬화는 `OnSerializePhotonView` 메소드를 통해 처리되며, RPC 호출은 유니티와 정확히 동일한 방식으로 작동한다.

 PUN RPC 호출과 유니티 RPC 호출 사이에는 작동 방식에서 한 가지 중요한 차이가 있다. 유니티에서는 메시지를 모두에게 브로드캐스트하지 않으면, 자신에게 메시지를 바로 보낼 수 없다. 하지만, PUN에는 이런 제한이 없다.

포톤 유니티 네트워킹과 유니티 네트워킹 사이에는 한 가지 매우 커다란 차이가 있다. `Network.Instantiate`는 단순히 프리팹을 받아들여서 그것을 인스턴스화하는 반면, `PhotonNetwork.Instantiate`는 `Network.Instantiate`가 활용하는 많은 것들(예를 들어, `Network.Instantiate`는 받는 쪽에서 오브젝트를 인스턴스화하는 데 사용될 수 있는 애셋 ID 같은 몇 가지 종류의 메타데이터를 전송할 수 있다)에 접근하지 않는다. 대신 `PhotonNetwork.Instantiate`는 오브젝트 이름을 위한 문자열을 받아 들이고, `Resources.Load`를 통해 프로젝트의 Resources 폴더에서 오브젝트를 로드할 것이다. 따라서, 네트워크에 접속되는 모든 오브젝트들은 Resources 폴더에 포함돼 있어야 한다.

PUN이 어떻게 다른지 살펴보았으므로, 이제 PUN과 포톤 클라우드 구축을 시작해 보자.

포톤 클라우드를 이용한 PUN 구축

우선, 아래 주소로 가서 포톤 클라우드에 가입하기 바란다.

https://cloud.exitgames.com

계정을 만든 후에, 대시보드(My Photon ➤ Applications)로 이동해서 새로운 애플리케이션을 생성한다. 이름은 중요하지 않지만 ID는 나중을 위해 복사해 두자.

다음으로, 애셋 스토어에 방문해서 Photon Unity Networking을 검색한다. Photon Unity Networking Free가 맨 먼저 발견될 것이다. 이 애셋을 프로젝트로 다운로드한다.

플러그인을 다운로드한 다음, Assets ➤ Import Package ➤ Custom Package을 통해 불러들이면 가입 창이 뜨는데 여기서 앱 ID를 입력하거나 커스텀 호스팅 서버를 설정할 수 있다.

포톤 클라우드에 이미 계정을 만들었다고 가정하고, Setup 옵션을 클릭한다. 기본 설정으로 이용할 지역을 선택하고, 웹사이트에서 복사한 ID를 AppID 필드에 붙여 넣고, Save를 클릭한다.

이제 PUN 플러그인을 이용할 준비가 됐다.

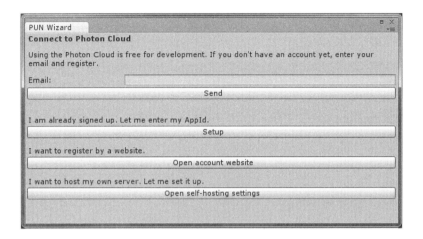

 포톤은 접속을 위해 소켓을 활용하기 때문에, 유니티 무료 버전으로는 웹 플레이어나 싱글용 빌드에서만 동작하고, iOS나 안드로이드 빌드에서는 동작하지 않는다(.NET 소켓 허용 불가 때문). 하지만, 일부 경우에는 프로 버전의 30일 시험 버전에서 비공식적인 안드로이드 지원이 되는 경우도 있다.

Photonview 이용

포톤 유니티 네트워킹에서는 PhotonView가 핵심이다. 포톤 뷰는 기본적으로 유니티 네트워킹에 있는 사촌과 완전히 똑같은 역할을 하며, 오브젝트가 자신의 상태를 직렬화하고 네트워크로 RPC를 보낼 수 있게 해준다. 몇 가지 스크립트 차이를 제외하곤 포톤 뷰의 거의 모든 부분은 네트워크 뷰와 같은 역할을 한다.

오브젝트에 대한 포톤 뷰를 얻기 위한 옵션에는 두 가지가 있다. 정적 PhotonView.Get 메소드를 호출해서 GetComponent<PhotonView>()을 이용하든지, 아니면 Photon.MonoBehaviour로부터 스크립트를 상속받은 다음, 뷰를 얻기 위해 this.photonView를 이용하는 것이다.

오브젝트 상태를 직렬화하려면 스크립트에 OnPhotonSerializeView 함수를 추가한다. 이 함수는 PhotonStream과 PhotonMessageInfo를 받아들인다. 이는 유니티 네트워킹의 직렬화 동작 방식과 완전히 똑같다.

RPC를 호출하기 위해 포톤 뷰에 대해 RPC 함수를 호출할 수 있다. 유니티 네트워킹과 마찬가지로, RPC 메소드는 [RPC] 속성으로 표시된다.

다음은 위치를 직렬화하고 스페이스 바가 눌러질 때 RPC를 호출하는 예제이다.

```
using UnityEngine;
using System.Collections;

public class Example_PhotonView : Photon.MonoBehaviour
{
  void Update()
  {
    if( photonView.isMine )
    {
      // 스페이스 키가 눌러지고, 이 포톤 뷰가 로컬 플레이어에게 소속된 경우,
      // RPC를 호출한다
      if( Input.GetKeyDown( KeyCode.Space ) )
      {
        photonView.RPC( "TestRPC", PhotonTargets.All );
      }
    }
  }
  [RPC]
  void TestRPC()
  {
    Debug.Log( "An RPC was called!" );
  }

  void OnPhotonSerializeView( PhotonStream stream, PhotonMessageInfo info )
  {
    if( stream.isWriting )
    {
      // 스트림에 기록해서 위치를 전송한다
```

```
      stream.SendNext( transform.position );
  }
  else
  {
    // 스트림으로부터 읽어 들여서 위치를 구한다
    transform.position = (Vector3)stream.ReceiveNext();
  }
  }
}
```

포톤과 유니티 사이에 존재하는 약간의 API 차이에 유의한다. 둘이 서로 언제나 완벽히 호환되는 것은 아니지만, 거의 언제나 서로 대응되는 함수 호출이 존재한다.

포톤에 접속하고 방 목록 얻기

포톤 클라우드에 접속해 보자. 이를 처리하는 주요 방식에는 3가지가 있다.

- PhotonNetwork.ConnectUsingSettings을 호출하면 편집기 패널에서 정의된 설정을 통해 접속할 수 있다.
- PhotonNetwork.ConnectToBestCloudServer를 호출하면, 이용 가능한 각각의 서버 클러스터에 핑ping을 보내서 최적의 클러스터에 접속할 수 있다.
- PhotonNetwork.Connect를 호출해서 적합한 포톤 지역의 서버 주소와 포트를 전달할 수 있다.
- 추가로 ConnectUsingSettings를 이용하면 우리가 편집기 패널에서 정의한 지역에 접속할 수 있다. 2장의 나머지 부분에서는 이 방법을 활용할 것이다.

수동으로 접속하고자 한다면, 이 책의 집필 시점 기준 각 지역의 주소는 다음과 같다.

미국(대서양 연안): app-us.exitgamescloud.com

유럽(암스테르담): app-eu.exitgamescloud.com

아시아(싱가포르): app-asia.exitgamescloud.com

일본(도쿄): app-jp.exitgamescloud.com

접속할 포트는 정적 ServerSettings.DefaultMasterPort 필드에서 읽어들일 수 있다. 접속 함수에 앱 ID까지 제공해야 할 것이다.

예를 들어, 포톤에 접속해서 현재 열려진 방 목록을 표시하는 스크립트는 다음과 같다.

```
using UnityEngine;
using System.Collections;

public class Example_ConnectToPhoton : MonoBehaviour
{
  bool joined = false;

  void Start()
  {
    // 포톤에 접속한다
    PhotonNetwork.ConnectUsingSettings( "v1.0" );
  }

  void OnJoinedLobby()
  {
    // 포톤에 참여해서 방 목록을 받을 준비가 됐다
    joined = true;
  }

  void OnFailedToConnectToPhoton( DisconnectCause cause )
  {
   // 몇 가지 오류가 발생했다. 'cause'는 발생된 오류의 열거형이다
```

```
    }

    void OnGUI()
    {
        if( !joined && string.IsNullOrEmpty( error ) )
        {
            // 아직 포톤에 접속 시도 중이므로, 로딩 GUI를 표시한다
        }
        else if( joined )
        {
            // 포톤에 접속됐으므로, 이제 로비 화면을 그릴 수 있다

            drawLobby();
        }
    }

    void drawLobby()
    {
        // 이용 가능한 방 없음
        if( PhotonNetwork.GetRoomList().Length == 0 )
        {
            // 참여 가능한 방이 없다고 사용자에게 알려주는 메시지를 표시한다
        }
        // 스크롤 뷰 안에 각 방을 그린다
        else
        {
            foreach( RoomInfo room in PhotonNetwork.GetRoomList() )
            {
                // 방 정보를 GUI에 그린다
            }

        }
    }
}
```

GetHostList와 PollHostList를 이용했던 유니티 네트워킹과 달리, GetRoomList만 이용한다는 점에 유의한다. 포톤에서는 이런 방 목록이 거의 실시간으로 업데이트되

므로, 서버로부터 목록을 수동으로 다운로드할 필요가 없다. 어떤 종류의 새로 고침 기능이 필요하다면, GetRoomList에서 결과를 얻어서 캐싱만 하면 된다.

방 생성과 참여

방을 생성하는 방법을 살펴보자.

방 생성

PUN에서 방을 생성하려면, CreateRoom 함수를 이용한다.

```
using UnityEngine;
using System.Collections;

public class Example_CreateRoom : MonoBehaviour
{
  void OnGUI()
  {
    // 방 안에 있는 것이 아니라면, 플레이어가 방을 생성하도록 한다
    if( PhotonNetwork.room == null )
    {

      // 방 생성 버튼이 클릭되면
      {
        // "RoomNameHere"란 방을 생성하고, 로비에 노출해서
        // 8명까지 다른 플레이어가 참여할 수 있도록 만든다
        PhotonNetwork.CreateRoom( "RoomNameHere", true, true, 8 );
      }
    }
    else
    {
      // 방에 접속되고, 방 이름, 플레이어 숫자 등의 정보를 표시한다

      // 접속 끊기 버튼이 클릭되면
      // 현재 방의 접속을 끊는다
```

```
        {
            PhotonNetwork.LeaveRoom();
        }
    }
  }
}
```

방 생성은 다음의 콜백들을 트리거한다.

- OnCreateRoom, 방이 성공적으로 생성될 경우.
- OnPhotonCreateRoomFailed, CreateRoom 호출이 실패한 경우.

  안타깝지만 어떤 매개변수도 전송되지 않기 때문에, 이유를 제대로 알기는 불가능하다(하지만, 가장 가능성 높은 이유는 방 이름이 이미 사용 중이기 때문일 것이다).

- 방 이름에는 별도로 명명 규약이 없긴 하지만 고유해야 한다는 점에 유의한다. 그렇지 않으면 방 생성이 실패할 것이다. 고유성은 앱 단위로 체크된다. 고유한 방 이름이 자동 생성되게 하기 위해 널 값을 제공할 수도 있다.

그리고 방에 입장할 수 있는 플레이어의 최대 숫자를 지정해야 한다. 유니티 네트워킹과 달리, 이 숫자는 호스트를 포함해 플레이할 수 있는 정확한 플레이어의 숫자이다(반면 유니티 네트워킹에서는 이 숫자에 호스트가 포함되지 않으므로, 8을 지정하면 호스트가 참여할 경우 9명의 플레이어까지 허용된다).

 모든 플레이어가 게임을 떠나면, 포톤 클라우드는 자동으로 방을 종료한다.

방 참여

방 참여는 방 생성만큼 간단하다. 다음과 같이 기존 로비 예제를 수정해서, 방을 클릭하면 JoinRoom 함수를 호출하도록 만든다.

```
foreach( RoomInfo room in PhotonNetwork.GetRoomList() )
{
  // 이 방의 방 참여 버튼이 클릭되면
  {
```

```
      PhotonNetwork.JoinRoom( room );
   }
}
```

방 참여는 다음과 같은 콜백을 트리거한다.

- OnJoinedRoom, 클라이언트가 주어진 방에 성공적으로 접속한 경우.
- OnPhotonJoinRoomFailed, 클라이언트가 방에 참여하지 못한 경우.

역시 어떤 매개변수도 제공되지 않기 때문에, 정확한 원인을 알기는 불가능하지만, 가장 가능성이 높은 이유는 방이 더 이상 존재하지 않거나 꽉 찬 경우다.

사용자 기호에 따른 결과 필터링

많은 게임 로비들이 다양한 기준으로 플레이어가 결과를 필터링할 수 있는 기능을 제공한다. 예를 들어, 모든 비공개 방을 숨길 수도 있고, 특정 맵에 대한 방들만 보이게 할 수도 있다.

필터링 배열

사용자 기호에 따라 방 목록 배열을 필터링할 수 있는데, 이 덕택에 사용자는 좀 더 손쉽게 참여할만한 방을 찾을 수 있다.

```
using UnityEngine;
using System.Collections;
using System.Linq;
using System.Collections.Generic;

public class Example_FilterRooms
{
  public static RoomInfo[] FilterRooms( RoomInfo[] src, bool includeFull,
    Hashtable properties )
  {
    // Where 표현식을 이용해서 주어진 기준에 부합되지 않는 방을 제거한 다음
    // 결과를 배열로 변환한다
```

```
    return src.Where( room =>
      (
        filterRoom( room, includeFull, properties )
      ) ).ToArray();
}


private static bool filterRoom( RoomInfo src, bool includeFull,
    Hashtable properties )
{
    // includeFull이 거짓인 경우, 꽉 찬 방을 필터링한다
    bool include_full = ( src.playerCount >= src.maxPlayers
        || includeFull );

    // 각각의 커스텀 방 속성을 비교해서 부합 여부를 판단한다
    bool include_props = true;

    if( properties != null )
    {
        foreach( object key in properties )
        {
            // 키가 포함되어 있지 않으므로, 우리의 기준에 부합되지 않는다
            if( !src.customProperties.ContainsKey( key ) )
            {
                include_props = false;
                break;
            }

            // 키 값이 부합되지 않으므로, 우리의 기준에 부합되지 않는다
            if( src.customProperties[ key ] != properties[ key ] )
            {
                include_props = false;
                break;
            }
        }
    }

    return include_full && include_props;
```

```
    }
}
```

방 목록의 필터링과 캐싱

이제 필터링된 방 목록을 얻기 위해 앞에서 작성한 클래스의 정적 FilterRooms 함수
를 호출할 수 있다.

아마도 이 함수를 프레임마다(또는 OnGUI의 경우에는 프레임당 몇 번씩) 호출하고 싶지는
않을 테니, GetRoomList 결과를 바로 표시하는 대신에, 방 목록이 수신될 때까지 기
다리다가 그것을 필터링한 다음 결과를 캐싱한다. OnReceivedRoomListUpdate 콜백
에서 방 목록 갱신 내용을 처리할 수 있다. 접속/로비 스크립트를 수정해 보자.

앞에서는 다음과 같이 사용했다.

```
foreach( RoomInfo room in PhotonNetwork.GetRoomList() )
{
  //...
}
```

이제 다음과 같이 교체할 수 있다.

```
foreach( RoomInfo room in Example_FilterRooms.FilterRooms(
  PhotonNetwork.GetRoomList(), includeFullRooms,
  filterRoomProperties ) )
```

```
{
  //...
}
```

여기서 includeFullRooms는 검색에서 정원이 꽉 찬 방을 포함시키고 싶은지의 여부를 나타내고, filterRoomProperties는 원하는 방 속성(예를 들어, 플레이하고 싶은 맵)의 해시테이블이다.

당장은 필터링이 특별한 역할을 하지 않는다(속성은 널 값이고 includeFull은 참이므로, 모든 방이 포함된다). 하지만, 이런 속성들은 공개로 처리될 수도 있고 다른 스크립트에 의해 설정될 수도 있으며, 정적 필드로부터 값이 읽어들여질 수도 있다.

자동 매치메이킹

많은 게임들이 로비를 이용하지 않는다. 예를 들어, 콘솔 게임은 사용자들이 게임 목록을 살펴보게 하기보다는(컨트롤러로는 거추장스러운 일) 플레이어들을 함께 랜덤 매칭시키는 방식을 자주 선택한다. 아니면 일부 게임들은 로비에 '바로 시작Quick Play' 버튼을 배치해서 사용자들이 서버 목록을 살펴볼 필요 없이 바로 액션에 돌입할 수 있게 한다. 대개 플레이어들은 플레이할 맵이나 원하는 게임 모드 같은 선호 기준을 지정할 수 있다.

다행히, PUN에서 랜덤 매치메이킹은 매우 간단하다.

PUN에서는 PhotonNetwork.JoinRandomRoom 함수를 호출할 수 있다. 이 함수는 기대되는 속성의 해시테이블과 원하는 최대 플레이어 숫자를 받아들인다. 그리고 랜덤 방에 참여하려고 시도하는데, 방이 발견되고 클라이언트가 접속 가능한 경우에는 OnJoinedRoom를 호출하고, 방이 발견되지 않는 경우 OnPhotonRandomJoinFailed을 호출한다(대개 이런 상황은 모든 방이 꽉 차 있거나, 이용 가능한 방이 없는 경우이다).

이를 위해서는 우리의 로비 예제에 '바로 시작' 버튼이 추가돼야 할 것이다.

```
// 바로 시작 버튼이 클릭되면
{
  // 랜덤 방에 참여하려고 시도한다
```

```
    PhotonNetwork.JoinRoom( filterProperties, 0 );
}
```

참여할 수 있는 방이 없다면, 새로운 방을 시작할 수 있다.

```
void OnPhotonRandomJoinFailed()
{
    // 방 참여에 실패해서 새로운 방을 생성한다
    // 고유 이름을 자동생성하기 위해 이름으로 널 값을 전달한다.
    PhotonNetwork.CreateRoom( null, true, true, 8 );
}
```

이제 플레이어가 직접 방을 찾든지 아니면 즉시 플레이를 시작하기 위해 바로 시작
버튼을 누를 수 있게 됐다. 이용 가능한 방이 없다면, 새로운 방이 랜덤한 이름으로
자동 생성된다.

친구 찾기

우리 게임에 친구 목록 기능이 있고, 친구의 접속 여부를 알고 싶거나 혹은 그들이 방
에서 플레이 중이라면 친구에게 합류하는 기능까지 원한다고 생각해 보자. 다행스럽
게도 포톤 클라우드는 최근에 추가한 FindFriends 기능을 통해 이런 목적을 손쉽게
달성할 수 있게 해준다. 이 기능을 이용하면 주어진 사용자 목록의 온라인 상태는 물
론, 해당 사용자가 방에 있을 경우 소속된 방에 대해서도 검색할 수 있다. 다음 예제
는 인스펙터 창에 지정된 대로(실제 활용 사례에서는 데이터베이스나 다른 소스로부터 불러오
게 될 것이다) 친구 목록을 찾아서 표시한다.

```
using UnityEngine;
using System.Collections;

public class Example_FindFriends : MonoBehaviour
{
    public string[] Friends = new string[ 0 ];
```

```
void OnJoinedLobby()
{
    // 플레이어 이름을 설정한다
    // 플레이어 이름은 고유하지 않아도 된다는 점에 유의한다
    // 대부분 사용자 이름은 화면 표시용으로 사용되지만,
    // FindFriends 호출에 사용되기도 한다
    // 또한 원할 때 언제든지 이름을 바꿀 수 있다
    PhotonNetwork.playerName = "TestPlayerName";

    // 포톤에서 친구 목록을 가져온다
    // 이 과정이 비동기라는 점에 유의한다
    // 친구 목록이 다운로드 되면, 결과는 PhotonNetwork.Friends을 통해 얻을 수 있다
    PhotonNetwork.FindFriends( Friends );
}

void OnGUI()
{
    if( !PhotonNetwork.connected )
        return;

    if( PhotonNetwork.Friends == null )
        return;

    foreach( FriendInfo friend in PhotonNetwork.Friends )
    {
        // 해당 친구에 대한 정보를 표시한다
        // friend.Name을 통해 친구 이름을 얻을 수 있다
        // friend.IsOnline은 친구의 온라인 상태를 나타낸다
        // friend.IsInRoom은 현재 친구가 방에 접속되어 있는지를 알려준다
        // friend.Room은 친구가 방에 있다면, 어느 방에 있는지 알려준다
    }

    GUILayout.EndArea();
}
}
```

이 코드가 동작하기 위해서는 각 플레이어가 `PhotonNetwork.playerName`을 통해 자신의 이름을 설정해야 할 것이다. `FindFriends`는 그들의 사용자명으로 각 친구의 상태를 검색하려고 시도할 것이다. 존재하지 않는 사용자를 포함시켜도 큰 문제는 없다. 그냥 오프라인 상태로 표시될 것이다.

 FindFriends는 로비 접속 전에는 호출될 수 없다는 점에 유의한다. 즉, On ConnectedToPhoton에서 FindFriends를 호출하면 오류가 발생하지만, On JoinedLobby에서는 괜찮다는 뜻이다.

플레이어 사이의 레벨 동기화

유니티 네트워킹에서는 각 플레이어가 동일한 레벨에서 실행되게 하기 위해 RPC를 통해 네트워크 대기열을 비활성화하고, 로딩이 끝날 때까지 기다리는 식으로 직접 해결책을 강구해야 했다.

그러나 포톤에서는 이 문제를 훨씬 간단히 해결할 수 있다. 그저 `PhotonNetwork.automaticallySyncScene`을 참으로 설정하고, 레벨을 로드하기 위해 마스터 클라이언트에 대해 `PhotonNetwork.LoadLevel`을 호출하기만 하면 된다. 예를 들면, 로비 예제를 수정해서 같은 방에 있는 플레이어들 간에 씬을 자동으로 동기화할 수 있다.

우선, `Start`에서 자동 레벨 동기화를 활성화한다.

```
void Start()
{
  //...
  // 모든 플레이어가 동일한 맵에서 플레이하도록 보장한다
  PhotonNetwork.automaticallySyncScene = true;
}
```

다음으로, 모든 플레이어들에게 같은 레벨이 로드되도록 게임을 시작할 때 `Photon Network`의 레벨 로딩 대체 기능을 활용한다.

```
void OnCreatedRoom()
{
  PhotonNetwork.LoadLevel( "Level Name Here" );
}
```

레벨 로딩이 게임 내에서 일어날 수도 있다는 점에 유의한다. 예를 들어, 이 기능을 이용하면 플레이어들이 다음 맵으로 무엇을 선택할지 투표하게 해서, 라운드가 끝날 때 가장 많은 표를 얻은 맵이 로드되는 맵 투표 기능을 아주 간단하게 추가할 수 있다.

채팅 클라이언트 개발

채팅 클라이언트를 밑바닥에서부터 개발하는 데 포톤에 대해서 배운 내용들을 활용해 보려고 한다. 플레이어는 실행 중인 채팅방 목록 중에서 선택하거나 새로운 채팅방을 만들 수 있고 랜덤 채팅방(이용 가능한 방이 없다면 방이 생성된다)에 참여할 수 있다. 채팅방에 있는 동안 플레이어는 채팅방의 모든 사람과 채팅을 나눌 수 있다. 또한 플레이어는 메인 메뉴에서 '친구' 목록을 관리할 수 있다(이름을 추가하거나 삭제할 수 있다). 플레이어는 각 친구의 온라인 상태를 볼 수 있을 뿐만 아니라, 친구들이 채팅방에 있을 경우 해당 채팅방에 합류할 수 있다.

접속 화면

사용자가 접하게 될 첫 번째 화면은 접속 화면이다.

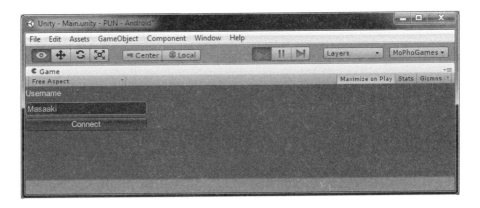

여기에서 사용자는 자신의 사용자명을 입력하고 포톤에 접속한다. 사용자가 다시 이용할 가능성이 높기 때문에, 사용자가 입력한 마지막 사용자명은 자동으로 기억된다.

이 스크립트는 접속 화면을 구현하며, 빈 게임 오브젝트에서 돌아간다. 사용자가 접속하고 나면 빈 게임 오브젝트는 비활성화되고, 다른 게임 오브젝트에서 로비 화면이 활성화된다.

```
using UnityEngine;
using System.Collections;

public class ConnectToPhoton : MonoBehaviour
{
    public GameObject LobbyScreen;

    private string username = "";
    private bool connecting = false;
    private string error = null;

    void Start()
    {
        // 플레이어가 입력한 사용자명을 로드한다
        username = PlayerPrefs.GetString( "Username", "" );
    }

    void OnGUI()
    {
        // 접속 중...
        if( connecting )
        {
            GUILayout.Label( "Connecting..." );
            return;
        }

        // 오류가 발생하면 표시한다
        if( error != null )
        {
            GUILayout.Label( "Failed to connect: " + error );
```

```
      return;
   }

   // 사용자 자신의 사용자명을 입력하게 한다
   GUILayout.Label( "Username" );
   username = GUILayout.TextField( username, GUILayout.Width(200f ) );

   if( GUILayout.Button( "Connect" ) )
   {
      // 다음 번을 위해 사용자명을 기억한다
      PlayerPrefs.SetString( "Username", username );

      // 접속 중
      connecting = true;

      // 사용자명을 설정하고, 포톤에 접속한다
      PhotonNetwork.playerName = username;
      PhotonNetwork.ConnectUsingSettings( "v1.0" );
   }
}

void OnJoinedLobby()
{
   // 로비에 참여했으므로, 로비 화면을 보여준다

   connecting = false;
   gameObject. SetActiveRecursively ( false );
   LobbyScreen. SetActiveRecursively ( true );
}

void OnFailedToConnectToPhoton( DisconnectCause cause )
{
   // 접속에 실패했으므로, 표시를 위해 오류를 저장한다

   connecting = false;
   error = cause.ToString();
```

```
    }
}
```

지금 바로 이 스크립트를 실행하면 사용자명을 입력하고 접속할 수 있다. 이어서 Conneting…이라는 표시가 떴다가 접속이 되든지 오류가 발생할 것이다. 오류가 발생하면 화면에 표시될 것이고, 오류가 발생하지 않으면 메시지가 사라지고 빈 화면만 남게 될 것이다. 그리고 아직 로비 화면이 정의되지 않았기 때문에, 콘솔에서 널 참조 예외를 보게 될 것이다. 로비 스크립트를 만들어서 이 문제를 해결해 보자.

로비 화면

로비 화면에서 사용자는 랜덤 게임에 참여하거나 게임을 호스팅할 수 있고, 이용 가능한 게임을 직접 찾아볼 수 있다. 추가로 친구 목록을 보여주는 버튼을 추가할 예정인데, 이 버튼은 당장은 동작하지 않는다.

 이번 장의 앞 부분에서, 선호에 따른 방 목록 필터링을 다룬 바 있다. 이를 채팅방에 활용하는 좋은 사례는 사용자가 방을 생성할 때 언어를 지정할 수 있게 하는 것이다. 예를 들어, 영어, 스페인어, 프랑스어에 대한 버튼을 추가한다. 방은 사용자 지정 언어가 포함된 언어 키로 생성될 수 있을 것이다. 그러면 이 키가 로비에서 필터링될 수 있으므로, 사용자는 전체, 영어, 스페인어, 프랑스어 중 하나를 선택해서 특정 언어 방에 참여할 수 있다.

```
using UnityEngine;
using System.Collections;

public class LobbyScreen : MonoBehaviour
{
  Vector2 lobbyScroll = Vector2.zero;
  void Awake()
  {
    // 앞에서 설명한 대로, automaticallySyncScene을 이용해서
    // 모든 플레이어가 자동으로 같은 레벨을 로드하도록 보장한다
    PhotonNetwork.automaticallySyncScene = true;
```

98

```
}

void OnGUI()
{
  // 플레이어가 방 목록을 찾아보고 싶지 않다면
  // 랜덤 방에 참여할 수 있도록 해준다
  if( GUILayout.Button( "Join Random", GUILayout.Width( 200f ) ) )
  {
    PhotonNetwork.JoinRandomRoom();
  }

  // 새로운 방을 생성한다
  if( GUILayout.Button( "Create Room", GUILayout.Width( 200f ) ) )
  {
    // 사용자 이름으로 방을 생성하고, 로비에 노출시켜서
    // 다른 플레이어들이 최대 32명까지
    // 참여할 수 있도록 허용한다
    PhotonNetwork.CreateRoom( PlayerPrefs.GetString( "Username"
      ) + "'s Room", true, true, 32 );
  }

  // 할 일 - 친구 목록 관리 페이지를 보여준다
  GUILayout.Button( "Friends", GUILayout.Width( 200f ) );

  // 현재 개설된 방 목록을 얻는다
  RoomInfo[] rooms = PhotonNetwork.GetRoomList();
  // 이용 가능한 방이 없으면, 사용자에게 알린다
  if( rooms.Length == 0 )
  {
    GUILayout.Label( "No Rooms Available" );
  }
  else
  {
    // 스크롤 가능한 방 목록을 보여준다

    lobbyScroll = GUILayout.BeginScrollView( lobbyScroll,
      GUILayout.Width( 220f ), GUILayout.ExpandHeight( true ) );
```

```csharp
    // 각 방에 대해 반복하면서 'Enter(입장)' 버튼과 함께
    // 해당 방에 대한 행을 표시한다
    foreach( RoomInfo room in PhotonNetwork.GetRoomList() )
    {
        GUILayout.BeginHorizontal( GUILayout.Width( 200f ) );

        // 방 이름을 표시하고 플레이어 숫자 / 최대 인원 숫자를 표시한다
        GUILayout.Label( room.name + " - " + room.playerCount +
            "/" + room.maxPlayers );

        // 플레이어가 "Enter" 버튼을 클릭하면 방에 접속한다
        if( GUILayout.Button( "Enter" ) )
        {
            PhotonNetwork.JoinRoom( room );
        }

        GUILayout.EndHorizontal();
    }

    GUILayout.EndScrollView();
}


// 랜덤하게 참여할 수 있는 방이 없다면, 새로운 방을 생성한다
void OnPhotonRandomJoinFailed()
{
    // 사용자 이름으로 새로운 방을 생성하고, 로비에 노출시켜
    // 다른 플레이어들이 최대 32명까지 참여할 수 있도록 열어 놓는다
    PhotonNetwork.CreateRoom( PlayerPrefs.GetString( "Username" )
        + "'s Room", true, true, 32 );
}


// 방을 생성한 후에, 채팅방 씬을 로드한다
void OnCreatedRoom()
{
    // PhotonNetwork.LoadLevel을 통해 채팅방 씬을 로드한다
    // 이런 방식으로 방에 참여하는 모든 인원이 자동으로 레벨을 로드하게 된다
```

```
      PhotonNetwork.LoadLevel( "ChatRoom" );
    }
}
```

이 스크립트를 빈 게임 오브젝트에 부착하고, 해당 게임 오브젝트를 Connect 스크립트의 LobbyScreen 슬롯 위로 드래그한 다음, 로비 화면 게임 오브젝트를 비활성화한다.

채팅방

'ChatRoom' 씬이 존재하지 않는 관계로, 랜덤 참여나 방 생성 모두 오류를 일으킨다. 이 문제를 해결해 보자.

현재 씬을 Main으로 저장한 다음, 빌드 설정에 추가한다. 이어서 새로운 씬을 생성해서 ChatRoom이란 이름으로 저장하고 역시 빌드 설정에 추가한다.

이제 다음과 같이 채팅방 스크립트를 생성해서 씬에 추가할 수 있다.

```
using UnityEngine;
using System.Collections;
using System.Collections.Generic;

public class Chatbox : Photon.MonoBehaviour
{
  // 이 숫자만큼의 메시지를 보관하고, 이보다 오래된 메시지는 삭제되기 시작한다
  public int MaxMessages = 100;

  private Vector2 chatScroll = Vector2.zero;
  private List<string> chatMessages = new List<string>();

  private string message = "";

  void OnGUI()
  {
    if( GUILayout.Button( "Leave Room" ) )
    {
```

```csharp
    // 참여 중인 방을 떠난다
    PhotonNetwork.LeaveRoom();
  }


  // 채팅 메시지의 스크롤 목록을 표시한다
  chatScroll = GUILayout.BeginScrollView( chatScroll,
    GUILayout.Width( Screen.width ), GUILayout.ExpandHeight( true ) );


  foreach( string msg in chatMessages )
  {
    GUILayout.Label( msg );
  }


  GUILayout.EndScrollView();


  GUILayout.BeginHorizontal();


  // 사용자가 메시지를 입력하도록 한다
  message = GUILayout.TextField( message, GUILayout.ExpandWidth( true ) );


  if( GUILayout.Button( "Send", GUILayout.Width( 100f ) ) )
  {
    // 모두에게 이 메시지를 추가하라고 알려준다
    photonView.RPC( "AddChat", PhotonTargets.All, message );
    message = "";
  }


  GUILayout.EndHorizontal();
}


[RPC]
void AddChat( string message, PhotonMessageInfo info )
{
  // 수신된 메시지를 저장한다
  chatMessages.Add( info.sender.name + ": " + message );


  // 메시지 저장 한도를 적용한다
```

```
    if( chatMessages.Count > MaxMessages )
    {
      chatMessages.RemoveAt( 0 );
    }

    // Y 스크롤 값을 매우 큰 값으로 설정한다
    // 유니티는 자동으로 이 값을 고정하는데,
    // 맨 밑까지 스크롤되는 결과를 낳는다
    chatScroll.y = 10000;
  }

  // 사용자가 떠나면, 메인 씬으로 되돌아간다
  void OnLeftRoom()
  {
    Application.LoadLevel( "Main" );
  }
}
```

여기에서는 사용자가 메시지를 입력할 수 있도록 허용한다. Send^{전송} 버튼을 누르면 이 메시지는 RPC로 전달된다. `PhotonTargets.All`이 방의 모든 플레이어에 대해 RPC를 호출할 것이다. 이 RPC는 플레이어 이름(`PhotonMessageInfo.sender.name`이 RPC를 보낸 플레이어의 이름)이 접두사로 붙여지는 새로운 메시지를 메시지 목록(역시 최대 숫자가 정해져 있음)에 추가하고, 채팅 상자를 제일 아래까지 스크롤할 것이다.

이제 채팅 스크립트가 완전한 기능을 갖추게 됐다. 다음으로 채팅방 앱에 친구 목록 기능을 추가해 보자.

친구 목록 추가

플레이어는 메인 메뉴에서 친구를 추가하거나 삭제할 수 있다. 또한 친구 목록과 온라인 상태를 볼 수 있고, 친구가 채팅방에 있을 경우 선택적으로 친구에게 합류할 수 있다. 실제 친구 목록은 쉼표로 구분된 문자열로 `PlayPrefs`에 저장된다.

```
using UnityEngine;
using System.Collections;
```

```csharp
using System.Collections.Generic;

public class FriendsScreen : MonoBehaviour
{
  public GameObject LobbyScreen;

  private string addFriendName = "";

  private List<string> friends = new List<string>();

  private Dictionary<string, bool> onlineStates = new
    Dictionary<string, bool>();
  private Dictionary<string, string> rooms = new
    Dictionary<string, string>();

  void Awake()
  {
    // PlayPrefs에서 친구를 로드한다
    string stored_friends = PlayerPrefs.GetString( "FriendsList", "" );
    if( !string.IsNullOrEmpty( stored_friends ) )
    {
      friends.AddRange( stored_friends.Split( ',' ) );
    }

    // 친구 상태를 요청한다
    if( friends.Count > 0 )
    {
      PhotonNetwork.FindFriends( friends.ToArray() );
    }
  }

  void OnGUI()
  {
    // 로비 화면으로 되돌아간다
    if( GUILayout.Button( "Back", GUILayout.Width( 200f ) ) )
    {
      gameObject. SetActiveRecursively ( false );
```

```
    LobbyScreen. SetActiveRecursively ( true );
}

GUILayout.Label( "Add Friend:" );

GUILayout.BeginHorizontal();

// 플레이어가 친구 이름을 입력하게 한다
addFriendName = GUILayout.TextField( addFriendName,
  GUILayout.Width( 200f ) );

// 친구 이름을 친구 목록에 추가하고, 친구 상태를 요청한다
if( GUILayout.Button( "Add", GUILayout.Width( 100f ) ) )
{
  AddFriend( addFriendName );
}

GUILayout.EndHorizontal();

if( PhotonNetwork.Friends != null )
{
  foreach( FriendInfo friend in PhotonNetwork.Friends )
  {
    GUILayout.BeginHorizontal();

    GUILayout.Label( friend.Name + " [" + ( GetOnlineState(
      friend ) ? "Online]" : "Offline]" ) );

    if( GetIsInRoom( friend ) )
    {
      if( GUILayout.Button( "Join", GUILayout.Width( 50f ) ) )
      {
        // 친구가 있는 방에 참여한다
        PhotonNetwork.JoinRoom( GetRoom( friend ) );
      }
    }
```

```
    // 친구 목록에서 친구를 삭제하고 친구 상태를 가져온다
    if( GUILayout.Button( "Remove", GUILayout.Width( 100f ) ) )
    {
      RemoveFriend( friend.Name );
    }

    GUILayout.EndHorizontal();
  }
 }
}


void Update()
{
  if( PhotonNetwork.FriendsListAge >= 1000 )
  {
    PhotonNetwork.FindFriends( friends.ToArray() );
  }
}
// 친구 목록을 갱신하는 동안, 포톤은 임시로
// isOnline과 isInRoom을 거짓으로 설정한다
// 타이머 기반으로 갱신하면, 상태가 오프라인과 온라인으로
// 빠르게 교대되는 광경을 볼 수 있다
// 따라서, 온라인 상태와 방을 사전으로 저장한 다음
// 갱신이 실제로 수신될 때까지 기다리다가
// 갱신된 값을 저장할 것이다
void OnUpdatedFriendList()
{
  foreach( FriendInfo friend in PhotonNetwork.Friends )
  {
    onlineStates[ friend.Name ] = friend.IsOnline;
    rooms[ friend.Name ] = friend.IsInRoom ? friend.Room : "";
  }
}


bool GetOnlineState( FriendInfo friend )
{
  if( onlineStates.ContainsKey( friend.Name ) )
```

```csharp
      return onlineStates[ friend.Name ];
  else
    return false;
}


bool GetIsInRoom( FriendInfo friend )
{
  if( rooms.ContainsKey( friend.Name ) )
    return !string.IsNullOrEmpty( rooms[ friend.Name ] );
  else
    return false;
}


string GetRoom( FriendInfo friend )
{
  if( rooms.ContainsKey( friend.Name ) )
    return rooms[ friend.Name ];
  else
    return "";
}


void AddFriend( string friendName )
{
  friends.Add( friendName );
  PhotonNetwork.FindFriends( friends.ToArray() );

  // 친구를 PlayerPrefs에 저장한다
  PlayerPrefs.SetString( "FriendsList", string.Join( ",",
    friends.ToArray() ) );
}


void RemoveFriend( string friendName )
{
  friends.Remove( friendName );
  PhotonNetwork.FindFriends( friends.ToArray() );

  // 친구를 PlayerPrefs에 저장한다
```

```
PlayerPrefs.SetString( "FriendsList", string.Join( ",",
    friends.ToArray() ) );
  }
}
```

이 스크립트를 빈 게임 오브젝트에 부착하고, 해당 게임 오브젝트를 비활성화시킨다. 로비 화면 게임 오브젝트를 **LobbyScreen** 슬롯 위로 드래그한다.

마지막으로, 친구 목록 화면으로 이동할 수 있도록 로비 스크립트를 수정해 보자.

우선, 친구 목록 오브젝트에 대한 참조를 추가한다.

```
public GameObject FriendsListScreen;
```

그리고 OnGUI 안에 친구 목록을 표시할 버튼을 하나 추가한다.

```
if( GUILayout.Button( "Friends", GUILayout.Width( 200 ) ) )
{
  gameObject.SetActiveRecursively( false );
  FriendsListScreen.SetActiveRecursively( true );
}
```

 유니티 4에서는 SetActiveRecursively가 폐기됐다는 점에 유의한다. 대신 Set Active 를 사용해야 한다. 하지만, 이 함수는 유니티 3에는 존재하지 않는다.

친구 목록 게임 오브젝트를 새로운 **FriendsListScreen** 슬롯 위로 드래그한다.

이로써, 채팅 상자 예제는 완전한 기능을 갖추게 됐다.

요약

2장에서는 포톤 유니티 네트워킹과 유니티 네트워킹 사이의 차이점과 포톤 뷰의 사용 방법을 알아봤다. 로비에서 사용자 선호에 따라 필터링된 방 목록을 구하는 방법을 배웠고, 방을 생성하고 참여하는 방법과 아울러 랜덤 매치메이킹을 추가하는 방법까지 배웠다. 친구 목록 기능을 추가하는 방법과 모든 플레이어에게 동일한 레벨을 보장하는 방법도 살펴봤다.

그리고 이런 개념을 응용해서 완전한 기능을 갖춘 채팅 클라이언트를 개발했다. 플레이어는 방을 생성하거나 방에 참여할 수 있고, 친구 목록을 관리할 수 있으며, 당연한 얘기겠지만 다른 이들과 채팅을 나눌 수 있다.

다음 장에서는, 포톤 서버라고 불리는 엑시트 게임즈의 또 다른 네트워크 기술을 살펴볼 계획이다.

3

포톤 서버: 별 수집 게임

2장에서는 포톤 유니티 네트워킹^{PUN}과 함께 포톤 클라우드에 대해서 살펴봤다. 3장에서는 포톤 서버라고 불리는 엑시트 게임즈의 또 다른 멀티플레이어 기술을 다뤄보려고 한다.

포톤 서버는 일종의 전용 서버 미들웨어다. 이는 유니티 네트워킹이나 포톤 유니티 네트워킹과 달리, 게임이 (방이나 호스트에서) 플레이어에 의해 구성되지 않는다는 뜻이다. 대신, 플레이어는 단일의 전용 서버에 접속되고 이런 전용 서버가 게임 로직 처리를 담당한다. MMO(예를 들어, 게임의 한 지역이 하나의 서버가 될 수 있다)에서 볼 수 있는 종류의 구성이다.

3장에서 다룰 내용은 다음과 같다.

- 포톤 서버가 포톤 유니티 네트워킹이나 유니티 네트워킹과 다른 점
- 포톤 서버를 구하는 방법
- 포톤 서버 인스턴스 설정
- 유니티에서 포톤 클라이언트 SDK 설정
- 새로운 서버 애플리케이션 생성
- 접속과 메시지 송수신
- 핵심 게임 로직 클래스 생성

- 플레이어 ID 할당
- 반 서버 권한 집중형^{semi-server-authoritative} 별 수집 게임 제작

이제 시작해 보자.

전용 서버

포톤 서버는 전용 서버^{dedicated server} 개념 기반으로 개발됐다. 유니티 네트워킹에서는 한 플레이어가 호스트가 되고 다른 플레이어들이 호스트 플레이어에게 직접 접속하는 반면, 포톤 서버에서는 하나 이상의 전용 서버를 호스팅하고 여기에 플레이어들이 접속한다. 대체적으로 이런 서버는 가능한 한 많은 게임 로직을 처리하는데, 클라이언트가 게임 로직을 담당하는 포톤 유니티 네트워킹/포톤 클라우드와 대조되는 점이다.

전용 서버는 앞에서 언급한 바와 같이, MMO 형식의 게임에서 가장 자주 활용된다. 가능한 한 많은 로직을 서버에서 처리하면, 해킹의 위험성이 대폭 줄어든다. 예를 들어, 많은 MMO는 플레이어가 이동할 지점을 클릭하는 간단한 마우스 클릭 이동 방식을 채용한다. 그러면 아마도 클라이언트는 사용자가 클릭한 위치가 포함된 간단한 이동 요청을 전송할 것이다. 서버는 길 찾기 처리를 하고 캐릭터를 해당 지점까지 실제로 이동시킨다. 클라이언트 역시 캐릭터가 어떻게 움직일지 예측할 수 있지만(직접 길을 찾고 캐릭터를 움직여서), 궁극적으로는 서버가 캐릭터에 대한 전체적인 통제권을 가진다. 서버는 빈번한 주기로 절대 위치를 브로드캐스트하고, 클라이언트는 지속적으로 서버와 보조를 맞추기 위해 이 위치를 기준으로 자신의 상태를 '보정'한다.

아울러 포톤 서버에는 재배포 가능한 패키지가 포함되어 있다. 이 패키지를 이용하면 플레이어는 마인크래프트 같은 게임(서버 로직이 게임과 함께 실행되는 또 다른 애플리케이션에 분리되어 있다)과 유사한 방식으로 자신의 서버를 호스팅할 수 있다. 이 방식은 플레이어가 직접 플레이하지 않더라도 전용 기기에서 자체 서버를 운용할 수 있게 해주므로, 클라이언트 내에서 호스팅되는 게임에 비해 진일보한 것으로 볼 수 있다.

포톤 서버를 구하는 방법

엑시트 게임즈 계정을 만들었다면(계정 만드는 방법은 이전 장에서 자세히 다뤘다), https://www.exitgames.com/Download에서 클라이언트와 서버 SDK를 내려받을 수 있다.

첫 번째 링크인 Photon Server SDK exe를 다운로드한다. 자동 압축 해제 파일이므로, 다운로드한 다음 압축된 서버 코드를 풀어 놓을 위치만 결정하면 된다.

추가로 Unity3D SDK도 필요하므로 클라이언트 SDK 목록 중에서 다운로드 링크를 찾아서 내려받기 바란다.

클라이언트 SDK를 다운로드한 다음, libs ❯ Release로 이동해서 Photon3Unity3D.dll 파일을 유니티 프로젝트의 Plugins 폴더에 넣자.

서버 라이선스 파일도 다운로드해야 하므로, 다운로드 페이지 License 카테고리의 첫 번째 항목(100 CCU, no expiry)을 선택한 후 서버 애플리케이션의 deploy ❯ bin_win32 디렉토리 안에 넣기 바란다. 포톤 서버 실행은 매우 간단하며, PhotonControl.exe를 실행하면 된다. 아직 접속 준비까지 된 상태는 아니며, 우선 자체적인 서버 애플리케이션을 만들어야 한다.

서버 애플리케이션 개발

새로운 서버 애플리케이션을 개발해 보자. 메시지를 받자마자 서버는 메시지를 받았다는 수신 확인 차원에서 에코를 보낸다.

클래스 라이브러리 개발

PhotonAckServer라는 이름으로 새로운 클래스 라이브러리 프로젝트를 만들어 보자. 이 클래스 라이브러리는 예제 파일의 src-server 디렉토리에서 찾을 수 있다.

이제 우리 프로젝트에 3개의 참조를 추가하려고 한다. 이 파일들은 포톤 서버의 libs 디렉토리에서 찾을 수 있다.

- ExitGamesLibs.dll

- Photon.SocketServer.dll
- PhotonHostRuntimeInterfaces.dll

이 파일들을 추가한 다음, 새로운 `PhotonAckServer` 클래스를 만든다. 이 클래스는 `ApplicationBase`에서 상속 받는데, 해당 코드는 다음과 같다.

```
using Photon.SocketServer;

public class PhotonAckServer : ApplicationBase
{
  protected override PeerBase CreatePeer( InitRequest initRequest )
  {
  }

  protected override void Setup()
  {
  }

  protected override void TearDown()
  {
  }
}
```

그리고 새로운 PhotonAckPeer 클래스를 다음과 같이 만든다.

```
using Photon.SocketServer;
using PhotonHostRuntimeInterfaces;

class PhotonAckPeer : PeerBase
{
  public PhotonAckPeer( IRpcProtocol protocol, IPhotonPeer unmanagedPeer )
    : base( protocol, unmanagedPeer )
  {
  }

  protected override void OnDisconnect( DisconnectReason reasonCode,
    string reasonDetail )
```

```
  {

  }

  protected override void OnOperationRequest( OperationRequest
    operationRequest, SendParameters sendParameters )
  {

  }
}
```

그리고 방금 만든 `PhotonAckPeer`를 반환하도록 `PhotonAckServer`를 수정한다.

```
using Photon.SocketServer;
public class PhotonAckServer : ApplicationBase
{
  protected override PeerBase CreatePeer( InitRequest initRequest )
  {
    return new PhotonAckPeer( initRequest.Protocol, initRequest.PhotonPeer );
  }

  protected override void Setup()
  {

  }

  protected override void TearDown()
  {

  }
}
```

방금 여기서 우리는 DLL로 컴파일되는 클래스 라이브러리를 만들었다. 이 클래스 라이브러리는 서버 애플리케이션이라는 것으로, 포톤에서 모든 서버 사이드 로직을 담당한다. 이 클래스 라이브러리는 DLL로 컴파일되고, 이 DLL은 실제 포톤 서버 EXE 파일에서 참조된다.

이러한 구성에는 최소한 `Application`과 `Peer`라는 두 개의 클래스가 관련된다. `Application` 클래스는 연결 역할을 해주는 코드에 불과하며, 요청을 받으면 `Peer` 클래스의 새로운 인스턴스를 생성해서 반환한다.

Peer 클래스는 기본적으로 특정 클라이언트를 포장한다(클라이언트가 접속하면 Application 클래스가 해당 클라이언트를 위한 새로운 피어^{peer}를 생성해서 반환할 것이다). 이 클래스는 클라이언트가 보낸 메시지(오퍼레이션 요청^{operation request}이라고 알려진)를 처리하거나 메시지를 클라이언트에게 되돌려 보낼 수 있다(오퍼레이션 요청에 대한 응답이나 응답을 요구하지 않는 이벤트 형태로).

오퍼레이션 요청에 대한 응답

그럼, 응답으로 'ack'를 송신해 보자. 우선 다음 코드를 이용해서 응답 코드에 대응되는 값의 enum 변수를 생성해 보자.

```
public enum PhotonAckResponseTypes : byte
{
  Ack = 0
}
```

지금은 단 하나의 항목만 있지만, enum 변수값을 추가함으로써 손쉽게 응답 코드를 추가할 수 있다(enum 변수를 사용하는 이유는 체계화와 가독성을 위해서).

이제 PhotonAckPeer 안에서, ack 응답을 반환하도록 OnOperationRequest를 수정해 보자.

```
using Photon.SocketServer;
using PhotonHostRuntimeInterfaces;
using System.Collections.Generic;

class PhotonAckPeer : PeerBase
{
  public PhotonAckPeer( IRpcProtocol protocol, IPhotonPeerunmanagedPeer )
    : base( protocol, unmanagedPeer )
  {
  }

  protected override void OnDisconnect( DisconnectReason reasonCode,
    string reasonDetail )
```

```
    {
    }

    protected override void OnOperationRequest( OperationRequest
      operationRequest, SendParameters sendParameters )
    {
      // 'ack'를 클라이언트에게 되돌려 보낸다
      OperationResponse response = new OperationResponse(
        (byte)PhotonAckResponseTypes.Ack );
      this.SendOperationResponse( response, sendParameters );
    }
}
```

서버 코드의 배포

매우 간단한 예제이긴 하지만, 이제 완전히 동작하는 서버 애플리케이션이 준비됐다. 이것을 빌드하기 위해서는, 우선 빌드된 서버 DLL이 프로젝트의 bin 디렉토리 내에 위치하게 한다(포톤 서버 애플리케이션의 필수사항). 이제 프로젝트 빌드를 시작해 보자.

방금 빌드된 bin 폴더를 deploy/PhotonAckServer/ 아래에 있는 배포 폴더에 복사한다. 이제 포톤 서버 환경설정을 편집해서 우리 애플리케이션에 대해서 알려줘야 할 것이다. 환경설정 파일은 deploy/bin_win32/PhotonServer.config에 있다. Applications이란 제목이 붙은 섹션을 볼 수 있을 것이다. 아래 항목들을 추가한다.

```
<Application
  Name="PhotonAckServer"
  BaseDirectory="PhotonAckServer"
  Assembly="PhotonAckServer"
  Type="PhotonAckServer">
</Application>
```

이제 서버가 클라이언트를 처리할 준비가 됐다. 유니티에서 포톤과 메시지를 주고받을 클라이언트를 만들어 보자.

유니티에서 접속하고 메시지 전달하기

유니티에서 포톤 서버를 접속하는 과정은 매우 간단하다. 사용할 IP, 포트, 애플리케이션(이 경우에는 `PhotonAckServer`를 애플리케이션으로 지정)을 지정하기만 하면 된다. 포톤 서버 환경설정에서 정의된 각 애플리케이션은 서로 병렬적으로 실행될 것이다. 따라서 하나의 물리적 기기에서 마스터 서버나 게임 서버 같은 다양한 서버 유형을 여러 개 돌릴 수 있다.

포톤에 접속해서 초당 10회 접속을 제공하고, 테스트 메시지(수신 확인 메시지 응답)를 서버에 전송할 스크립트를 작성하자.

우선 아래 코드부터 시작하자.

```
using UnityEngine;
using System.Collections;
using ExitGames.Client.Photon;

public class PhotonAckClient : MonoBehaviour, IPhotonPeerListener
{
}
```

스크립트의 상단에 몇 가지 변수를 추가하고자 한다.

```
public PhotonPeer peer;
private bool connected = false;
```

Start 함수 안에서, 서버에 접속해서 접속을 제공하는 코루틴^{co-routine}을 시작할 것이다.

```
public void Start()
{
  // 포톤 서버에 접속한다
  peer = new PhotonPeer( this, ConnectionProtocol.Udp );
  peer.Connect( "127.0.0.1:5055", "PhotonAckServer" );

  StartCoroutine( doService() );
}
```

서비스 코루틴은 service를 호출한 다음 while 루프 안에서 0.1초간 기다린다.

```
IEnumerator doService()
{
  while( true )
  {
    peer.Service();
    yield return new WaitForSeconds( 0.1f );
  }
}
```

추가로 IPhotonPeerListener 인터페이스에서 필요한 몇 가지 메소드를 구현한다.

```
#region IPhotonPeerListener Members

public void DebugReturn( DebugLevel level, string message )
{
  // 메시지를 콘솔에 기록한다
  Debug.Log( message );
}

public void OnEvent( EventData eventData )
{
  // 서버에서 이벤트를 발생시켰다
  Debug.Log( "Received event - type: " + eventData.Code.ToString() );
}

public void OnOperationResponse( OperationResponse operationResponse )
{
  // 서버에서 오퍼레이션 응답을 보냈다
  Debug.Log( "Received op response - type: " +
    operationResponse.OperationCode.ToString() );
}

public void OnStatusChanged( StatusCode statusCode )
{
  // 포톤 서버에 접속
```

```
  if( statusCode == StatusCode.Connect )
  {
    connected = true;
  }

  // 상태 변화를 기록한다
  Debug.Log( "Status change: " + statusCode.ToString() );
}

#endregion
```

마지막으로, 다음 코드를 이용해서 서버에 테스트 메시지를 보내는 GUI를 버튼으로 표시해 보려고 한다.

```
void OnGUI()
{
  GUILayout.Label( "Connected: " + connected.ToString() );

  if( connected )
  {
    if( GUILayout.Button( "Send Operation Request" ) )
    {
      // 서버에 메시지를 보낸다
      peer.OpCustom( 0, new System.Collections.Generic.
        Dictionary<byte, object>(), true );
    }
  }
}
```

그렇다면, 이 스크립트가 하는 일은 정확히 무엇인가?

- 포톤 서버 인스턴스에 대한 접속을 나타내는 새로운 PhotonPeer 클래스를 생성한다. 자신을 생성자에게 전달하고, 이 생성자는 PhotonPeer 클래스가 우리의 클래스에서 구현된 IPhotonPeerListener 메소드를 호출하게 한다. 또한 UDP를 통신에 사용하라고 명시한다. 이를 통해 어떤 메시지가 신뢰성이 있고, 어떤 메시지가 신뢰성이 없는지 확인할 수 있다.

- 초당 10번씩 `PhotonPeer`의 서비스 메소드를 호출한다. 이를 통해 `PhotonPeer` 클래스는 수신 메시지를 처리하고 송신 메시지를 보낸다. 반사신경을 요구하는 게임에서는 지연을 줄이기 위해 좀 더 자주 호출될 수도 있다(초당 20회 정도면 충분할 것이다).
- `OnGUI`에서 접속 상태를 표시한다. 접속 중이라면 서버에 전송될 테스트 메시지를 발생시키는 버튼을 표시한다(`PhotonPeer` 클래스의 `OpCustom` 메소드를 통해서 전송되며, `PhotonPeer` 메소드는 서버에 오퍼레이션 요청을 보낸다).
- 콘솔에 값을 기록하기 위해 `DebugReturn`, `OnEvent`, `OnOperationResponse` 메소드를 구현한다.
- 포톤 서버가 언제 접속에 성공했는지 파악하는 `OnStatusChange` 메소드를 구현한다.

포톤 서버와 기본적인 통신에 필요한 사항들은 이것이 전부다. `OnStatusChange`로 접속/접속해제를 처리할 수 있고, `OpCustom` 메소드로 서버에 메시지를 보낼 수 있으며, `OnOperationResponse`와 `OnEvent`로 메시지를 받을 수 있다.

게임 로직 클래스 개발

게임 서버를 개발할 때, 게임 로직 처리에서 중심적 역할을 할 몇 가지 클래스가 필요한 경우가 자주 발생한다. 현재까지 우리가 개발한 것만으로는 그렇게 할 수 없기 때문에, ack 서버를 수정해서 게임 로직을 처리할 핵심 클래스를 추가하려고 한다.

우리의 게임 클래스는 ack 서버가 이미 처리한 것과 똑같은 역할을 담당할 것이다(오퍼레이션 요청에 대한 응답으로 수신 확인 전송). 추가로 서버에 연결된 피어의 목록을 관리할 수 있으며, 서버가 종료되면 자동으로 현재 접속되어 있는 모든 피어의 접속을 끊을 것이다.

```
using Photon.SocketServer;
using PhotonHostRuntimeInterfaces;

using System.Collections.Generic;
```

```csharp
public class PhotonAckGame
{
  public static PhotonAckGame Instance;

  public List<PeerBase> Connections;

  public void Startup()
  {
    Connections = new List<PeerBase>();
  }

  public void Shutdown()
  {
    // 종료하기 전에 아직 서버에 있는 모든 플레이어들을 내보낸다
    foreach( PeerBase peer in Connections )
    {
      peer.Disconnect();
    }
  }

  public void PeerConnected( PeerBase peer )
  {
    lock( Connections )
    {
      Connections.Add( peer );
    }
  }

  public void PeerDisconnected( PeerBase peer )
  {
    lock( Connections )
    {
      Connections.Remove( peer );
    }
  }

  public void OnOperationRequest( PeerBase src, OperationRequest request,
```

```
    SendParameters sendParams )
{
  // 피어에게 수신 확인을 보낸다
    src.SendOperationResponse( new OperationResponse(
      (byte)PhotonAckResponseTypes.Ack ), sendParams );
  }
}
```

 lock 구문의 사용에 유의한다. 성능을 위해 포톤 서버에서는 피어가 병렬로 실행된다. 이로 인해 스레드 안전성(thread safety) 이슈가 불거질 수 있으므로, 스레드 안전성을 주의 깊게 다뤄야 한다.

Application 클래스의 Setup 메소드에서 게임의 새로운 인스턴스를 생성하고 그것의 Startup 메소드를 호출할 것이다. 추가로, Teardown 메소드 안에서 이 게임 인스턴스의 Shutdown 메소드를 호출하려고 한다.

```
using Photon.SocketServer;

public class PhotonAckServer : ApplicationBase
{
  protected override PeerBase CreatePeer( InitRequest initRequest )
  {
    return new PhotonAckPeer( initRequest.Protocol, initRequest.PhotonPeer );
  }

  protected override void Setup()
  {
    PhotonAckGame.Instance = new PhotonAckGame();
    PhotonAckGame.Instance.Startup();
  }

  protected override void TearDown()

  {
    PhotonAckGame.Instance.Shutdown();
```

```
    }
}
```

그리고 마지막으로, 피어 클래스에서 게임 인스턴스에게 피어의 접속, 피어의 접속
끊기 및 오퍼레이션 요청에 대해 알려줘야 한다.

```
using Photon.SocketServer;
using PhotonHostRuntimeInterfaces;
using System.Collections.Generic;

class PhotonAckPeer : PeerBase
{
  public PhotonAckPeer( IRpcProtocol protocol, IPhotonPeer unmanagedPeer )
    : base( protocol, unmanagedPeer )
  {
    PhotonAckGame.Instance.PeerConnected( this );
  }

  protected override void OnDisconnect( DisconnectReason reasonCode,
    string reasonDetail )
  {
    PhotonAckGame.Instance.PeerDisconnected( this );
  }

  protected override void OnOperationRequest( OperationRequest
    operationRequest, SendParameters sendParameters )
  {
    PhotonAckGame.Instance.OnOperationRequest( this, operationRequest,
      sendParameters );
  }
}
```

이 서버를 실행하고 유니티에서 접속해 봐도 이전과 똑같은 결과가 나오겠지만, 이번
에는 메시지를 피어 단위 기반이 아니라 핵심 클래스에서 처리하고 있다는 점이 다른
점이다. 이런 방식은 이용하면 멀티플레이어 서버 로직 설계가 훨씬 쉬워진다.

124

플레이어 ID 할당

거의 모든 멀티플레이어 게임에서 필요한 또 하나의 기능은 플레이어 ID로 플레이어를 추적할 수 있는 기능이다. 특정 플레이어를 고유하게 식별할 수 있는 숫자 같은 몇 가지 종류의 가벼운 데이터가 필요하다. 예를 들어, 오브젝트는 그것을 소유한 플레이어에 대한 참조로서 이런 숫자를 저장할 수 있다. 따라서, 우리의 서버를 수정해서 플레이어 ID를 접속한 피어에게 할당해 보자. 추가로 플레이어가 접속하면 클라이언트에게 플레이어 ID를 알려줄 것이다.

이런 목적을 위해 long형 integer를 사용할 계획이다.

마지막으로 할당된 플레이어 ID에 해당하는 정적 long형 변수는 가능한 최소의 값(long.MinValue)으로 초기화된다. 플레이어가 참여하면 정적 변수를 그들의 ID로 복사한 다음, 정적 변수의 값을 증가시킨다.

```
using Photon.SocketServer;
using PhotonHostRuntimeInterfaces;
using System.Collections.Generic;

class PhotonAckPeer : PeerBase
{
  // 0이 아니라 long.MinValue를 사용한 점에 유의한다
  // 부호 있는 정수는 음의 최소값과 양의 최대값을 갖는다
  // 0에서 시작하면 가능한 ID의 범위가 쪼개지지만,
  // 최소값에서 시작하면 최대 범위를 활용할 수 있다
  private static long lastAssignedPlayerID = long.MinValue;
  private static object lockPlayerID = new object();

  public long PlayerID;

  public PhotonAckPeer( IRpcProtocol protocol, IPhotonPeer unmanagedPeer )
    : base( protocol, unmanagedPeer )
  {
    lock( lockPlayerID )
    {
      this.PlayerID = lastAssignedPlayerID;
```

```
      lastAssignedPlayerID++;
    }
    PhotonAckGame.Instance.PeerConnected( this );
  }

  protected override void OnDisconnect( DisconnectReason reasonCode,
    string reasonDetail )
  {
    PhotonAckGame.Instance.PeerDisconnected( this );
  }

  protected override void OnOperationRequest( OperationRequest
    operationRequest, SendParameters sendParameters )
  {
    PhotonAckGame.Instance.OnOperationRequest( this, operationRequest,
      sendParameters );
  }
}
```

드디어 우리의 피어는 플레이어 ID를 가지게 됐지만, 클라이언트는 그들의 플레이어 ID를 알지 못한다. 플레이어 ID가 할당된 피어에게 이벤트를 전송할 계획이므로, 이벤트 타입 enum 변수 인스턴스를 생성해 보자(응답 타입 enum과 똑같은 방식으로).

```
public enum PhotonAckEventType : byte
{
  AssignPlayerID = 0
}
```

그리고 피어 생성자에서 AssignPlayerID 이벤트 타입으로 이벤트를 전송한다.

```
using Photon.SocketServer;
using PhotonHostRuntimeInterfaces;
using System.Collections.Generic;

class PhotonAckPeer : PeerBase
{
```

```
private static long lastAssignedPlayerID = long.MinValue;
private static object lockPlayerID = new object();

public ulong PlayerID;

public PhotonAckPeer( IRpcProtocol protocol, IPhotonPeer unmanagedPeer )
  : base( protocol, unmanagedPeer )
{
  lock( lockPlayerID )
  {
    this.PlayerID = lastAssignedPlayerID;
    lastAssignedPlayerID++;
  }

  PhotonAckGame.Instance.PeerConnected( this );

  EventData evt = new EventData(
    (byte)PhotonAckEventType.AssignPlayerID );
  evt.Parameters = new Dictionary<byte, object>() { { 0,
    this.PlayerID } };
  this.SendEvent( evt, new SendParameters() );
}

protected override void OnDisconnect( DisconnectReason reasonCode,
  string reasonDetail )
{
  PhotonAckGame.Instance.PeerDisconnected( this );
}

protected override void OnOperationRequest( OperationRequest
  operationRequest, SendParameters sendParameters )
{
  PhotonAckGame.Instance.OnOperationRequest( this,
    operationRequest, sendParameters );
}
}
```

이제, PhotonAckEventTypes 파일을 우리의 유니티 프로젝트에 복사하고, OnEvent 함수에서 플레이어 ID를 받아서 저장하도록 유니티 클라이언트를 수정해 보자.

```
public void OnEvent( EventData eventData )
{
  // 서버에서 이벤트를 발생시켰다
  Debug.Log( "Received event - type: " + eventData.Code.ToString() );

  if( (PhotonAckEventType)eventData.Code ==
    PhotonAckEventType.AssignPlayerID )
  {
    long playerID = (long)eventData.Parameters[ 0 ];
    Debug.Log( "Received player ID: " + playerID );
    localPlayerID = playerID;
  }
}
```

이제 접속하게 되면 콘솔에서 플레이어 ID가 수신됐다는 사실을 알 수 있다.

그럼 이런 개념들을 활용해서 포톤으로 별 수집 게임을 만들어 보자.

별 수집 게임 제작

우리의 별 수집 게임은 반 서버 권한 집중형 게임이다. 이동 명령은 플레이어가 보내지만(즉, 스피드핵이나 텔레포트 핵 등의 여지가 있음) 플레이어와 별의 등장, 별의 획득 및 기타 게임 로직을 서버가 관장하는 것이다.

서버에 참여하면 플레이어가 등장된다. 플레이어는 수집할 수 있는 별을 찾는다. 모든 별들이 수집되면, 가장 많은 별을 획득한 플레이어가 채팅을 통해 승자로 발표되고, 이어서 별들이 재등장하고 플레이어가 초기화된다.

클래스 라이브러리 준비

다시 한 번 , 우리의 게임 서버를 위한 클래스 라이브러리를 만들어 보겠다. 앞에서와

마찬가지로, 이 클래스 라이브러리에는 Peer 클래스와 Application 클래스가 포함
된다.

 포톤으로 자주 작업한다면, 비주얼 스튜디오에서 프로젝트를 생성하는 편이 좀 더 쉽게
느껴질 것이다. 필요한 작업 기반이 미리 준비되어 있기 때문에, 매번 밑바닥에서부터
프로젝트를 다시 시작할 필요가 없다.

또한 Ack 서버와 똑같은 방식으로 Game 클래스를 생성해 보려고 한다.

```
using Photon.SocketServer;
using PhotonHostRuntimeInterfaces;

using System.Collections.Generic;

namespace StarCollectorDemo
{
  public class StarCollectorDemoGame
  {
    public static StarCollectorDemoGame Instance;

    public void Startup()
    {
    }

    public void Shutdown()
    {
    }

    public void PeerJoined( StarCollectorDemoPeer peer )
    {
    }

    public void PeerLeft( StarCollectorDemoPeer peer )
    {
    }
```

```
    public void OnOperationRequest( StarCollectorDemoPeer sender,
      OperationRequest operationRequest, SendParameters sendParameters )
    {
    }
  }
}
```

그리고, 애플리케이션이 시작되면 Game 클래스의 새로운 인스턴스를 생성한다.

```
using Photon.SocketServer;
using PhotonHostRuntimeInterfaces;

namespace StarCollectorDemo
{
  public class StarCollectorDemoApplication : ApplicationBase
  {
    protected override PeerBase CreatePeer( InitRequest initRequest )
    {
      return new StarCollectorDemoPeer( initRequest.Protocol, initRequest.
        PhotonPeer );
    }

    protected override void Setup()
    {
      StarCollectorDemoGame.Instance = new StarCollectorDemoGame();
      StarCollectorDemoGame.Instance.Startup();
    }

    protected override void TearDown()
    {
      StarCollectorDemoGame.Instance.Shutdown();
    }
  }
}
```

그리고 마지막으로, Peer 클래스 역시 Game 클래스에 연동하려고 한다.

```csharp
using Photon.SocketServer;
using PhotonHostRuntimeInterfaces;

namespace StarCollectorDemo
{
  public class StarCollectorDemoPeer : PeerBase
  {
    public StarCollectorDemoPeer( IRpcProtocol protocol, IPhotonPeer
      unmanagedPeer )
      : base( protocol, unmanagedPeer )
    {
      lock( StarCollectorDemoGame.Instance )
      {
        StarCollectorDemoGame.Instance.PeerJoined( this );
      }
    }

    protected override void OnDisconnect( DisconnectReason reasonCode,
      string reasonDetail )
    {
      lock( StarCollectorDemoGame.Instance )
      {
        StarCollectorDemoGame.Instance.PeerLeft( this );
      }
    }

    protected override void OnOperationRequest( OperationRequest
      operationRequest, SendParameters sendParameters )
    {
      StarCollectorDemoGame.Instance.OnOperationRequest( this,
        operationRequest, sendParameters );
    }
  }
}
```

본격적으로 게임 로직으로 넘어가기에 앞서, 한 가지 중요한 변경 사항이 남아 있다. 스레드 안전성을 유지하면서 메시지를 처리하기 위해, Game 클래스에 일종의 메시지

대기열을 만들 필요가 있다. 포톤에서 제공되는 PoolFiber라는 간편한 클래스를 사용할 계획이다.

이 클래스의 역할은 무엇인가? Game 클래스가 시작되면, 우리는 새로운 PoolFiber 인스턴스를 생성할 것이다. 메시지가 수신될 때, PoolFiber 인스턴스의 Enquene 메소드가 호출되는데, 이 메소드는 새로운 액션을 대기열에 넣고 ProcessMessage 함수를 호출한다. PoolFiber 클래스는 기본적으로 다른 스레드들이 메인 스레드에서 호출될 액션을 스케줄링하는 방법이다. 우리는 피어 스레드가 메인 스레드에서 처리될 메시지들을 스케줄링하는 방법으로 이 클래스를 활용한다.

따라서, 우리의 Game 클래스는 다음과 같은 코드가 될 것이다.

```
using Photon.SocketServer;
using PhotonHostRuntimeInterfaces;
using ExitGames.Concurrency.Fibers;

using System.Collections.Generic;

namespace StarCollectorDemo
{
  public class StarCollectorDemoGame
  {
    public static StarCollectorDemoGame Instance;

    private IFiber executionFiber;

    public void Startup()
    {
      // 새로운 실행 파이버[1]를 생성해서 시작한다
      executionFiber = new PoolFiber();
      executionFiber.Start();
    }

    public void Shutdown()
```

---

1 비선점형 경량화 스레드의 일종 – 옮긴이

```
    {
      // 실행 파이버를 소멸시킨다
      executionFiber.Dispose();
    }

    public void PeerJoined( StarCollectorDemoPeer peer )
    {
    }

    public void PeerLeft( StarCollectorDemoPeer peer )
    {
    }

    public void OnOperationRequest( StarCollectorDemoPeer sender,
      OperationRequest operationRequest, SendParameters sendParameters )
    {
      // 메인 스레드에서 처리될 메시지를 스케줄링한다
      executionFiber.Enqueue( () => { this.ProcessMessage( sender,
        operationRequest, sendParameters ); } );
    }

    public void ProcessMessage( StarCollectorDemoPeer sender,
      OperationRequest operationRequest, SendParameters sendParameters )
    {
      // 여기서 메시지를 처리한다
    }
  }
}
```

이제 ProcessMessage 함수 안에서 스레드 안전성에 대해 걱정할 필요 없이 안전하게
메시지를 처리할 수 있게 됐다.

추가로 이를 다른 기능에도 활용하려고 한다. 예를 들어, 게임에 접속된 모든 피어들
의 목록을 관리해 보자. 실행 파이버를 이용해서 List 오브젝트에 대한 Add와 Remove
처리를 스케줄링하려고 한다.

```csharp
using Photon.SocketServer;
using PhotonHostRuntimeInterfaces;
using ExitGames.Concurrency.Fibers;
using System.Collections.Generic;

namespace StarCollectorDemo
{
  public class StarCollectorDemoGame
  {
    public static StarCollectorDemoGame Instance;
    public List<StarCollectorDemoPeer> PeerList;
    private IFiber executionFiber;
    public void Startup()
    {
      // 새로운 실행 파이버를 생성해서 시작한다
      executionFiber = new PoolFiber();
      executionFiber.Start();
      PeerList = new List<StarCollectorDemoPeer>();
    }

    public void Shutdown()
    {
      // 실행 파이버를 소멸시킨다
      executionFiber.Dispose();
    }
    public void PeerJoined( StarCollectorDemoPeer peer )
    {
      // PeerList에 추가될 피어를 메인 스레드에 스케줄링한다
      executionFiber.Enqueue( () =>
      {
        PeerList.Add( peer );
      } );
    }

    public void PeerLeft( StarCollectorDemoPeer peer )
    {
      // PeerList에서 제거될 피어를 메인 스레드에 스케줄링한다
```

```
    executionFiber.Enqueue( () =>
    {
      PeerList.Remove( peer );
    } );
  }

  public void OnOperationRequest( StarCollectorDemoPeer sender,
    OperationRequest operationRequest, SendParameters sendParameters )
  {
    // 메인 스레드에서 처리될 메시지를 스케줄링한다
    executionFiber.Enqueue( () => { this.ProcessMessage( sender,
      operationRequest, sendParameters ); } );
  }

  public void ProcessMessage( StarCollectorDemoPeer sender,
    OperationRequest operationRequest, SendParameters sendParameters )
  {
    // 여기에서 메시지를 처리한다
  }
  }
}
```

이로써 현재 서버에 접속된 피어들의 목록에 간편하게 접근할 수 있게 됐다. 프레임
워크가 준비됐으니 이제 실제 게임 코드를 작성해 보자.

Actor 클래스

게임 내의 모든 오브젝트들은 공통 기반을 갖는 편이 좋다. 필수적인 것은 아니지만,
이렇게 되면 많은 경우 코드가 좀 더 체계화되며 공통 기능이 부모 클래스에서 정의
될 수 있기 때문에 코드 재사용이 제한된다. 그럼, 이런 목적을 위해 Actor 클래스를
만들어 보자. Actor 클래스는 플레이어 오브젝트, 별, 그리고 기타 우리가 추가하려는
것들의 기반이 될 것이다.

```
using Photon.SocketServer;
```

```
namespace StarCollectorDemo
{
  public class Actor
  {
    public PeerBase Owner; // 이 액터를 소유한 피어
                           // 또는 액터를 서버가 소유하고 있다면 NULL
    public long ActorID; //이 액터 인스턴스의 ID

    public byte ActorType; // 이 액터의 유형 (플레이어, 별, 기타)
    public float PosX; // 이 액터의 월드 X 위치
    public float PosY; // 이 액터의 월드 Y 위치
    public float Radius; // 이 액터의 충돌 반경
  }
}
```

Star 클래스도 만들어 보자.

```
using Photon.SocketServer;
namespace StarCollectorDemo
{
  public class Star : Actor
  {
    public Star()
    {
      this.ActorType = 0; // 별
      this.Radius = 0.25f; // 획득을 판단하는 반경
    }

    public bool DetectCollision( Actor other )
    {
      // 액터 간의 거리를 계산한다
      float sqrDist = ( ( this.PosX - other.PosX ) * ( this.PosX -
        other.PosX ) + ( this.PosY - other.PosY ) * ( this.PosY -
        other.PosY ) );
      // 거리가 반지름의 합계보다 적다면, 충돌이 발생한다

      if( sqrDist <= ( this.Radius + other.Radius ) )
```

```
        {
          return true;
        }


      return false;
      }
    }
}
```

우리의 Star 클래스는 DetectCollision 메소드를 통해 다른 액터와의 충돌까지 탐지한다. 이 기능은 플레이어가 Star 클래스로 접근해서 별을 획득하는 것을 감지하기 위해 사용된다.

마지막으로 Player 클래스다. 실제로 우리는 반 서버 권한 집중형으로 움직임을 구현할 예정이다. 따라서, 플레이어가 이동 방향을 제공하고 서버는 플레이어의 속도를 설정할 것이다. 주기적으로 서버는 다음 코드를 이용해서 모든 플레이어의 절대 위치와 속도를 브로드캐스트할 것이다.

```
using Photon.SocketServer;

namespace StarCollectorDemo
{
  public class Player : Actor
  {
    public float VelocityX = 0f; // 플레이어의 X 속도
    public float VelocityY = 0f; // 플레이어의 Y 속도

    public int Score = 0; // 해당 플레이어가 수집한 별들의 숫자

    public Player()
    {
      this.ActorType = 1; // 플레이어
      this.Radius = 0.5f; // 획득 판단에 사용되는 반경
    }

    public void Simulate( float timestep )
```

```
    {
      this.PosX += this.VelocityX * timestep;
      this.PosY += this.VelocityY * timestep;
    }
  }
}
```

플레이어에게 ID 전송

앞에서와 마찬가지로, 플레이어 ID를 피어에게 할당해야 한다. 다시 한번, 증가하는 고정 카운터를 이용해서 플레이어들이 접속할 때 그들의 ID를 전송할 것이다. 이번에는 주어진 플레이어 오브젝트를 어떤 피어가 소유하고 있는지에 대한 정보를 제공하는 방법이 필요하기 때문에, 이 방식이 유용하다.

```
using Photon.SocketServer;
using PhotonHostRuntimeInterfaces;

namespace StarCollectorDemo
{
  public class StarCollectorDemoPeer : PeerBase
  {
    private static long lastAssignedID = long.MinValue;
    private static object allocateIDLock = new object();

    public long PlayerID;

    public StarCollectorDemoPeer( IRpcProtocol protocol, IPhotonPeer
      unmanagedPeer )
      : base( protocol, unmanagedPeer )
    {
      lock( StarCollectorDemoGame.Instance )
      {
        StarCollectorDemoGame.Instance.PeerJoined( this );
      }

      lock( allocateIDLock )
```

```
      {
        PlayerID = lastAssignedID;
        lastAssignedID++;
      }

      // 플레이어에게 자신의 ID을 알려준다
      EventData evt = new EventData();
      evt.Code = (byte)StarCollectorEventTypes.ReceivePlayerID;
      evt.Parameters = new System.Collections.Generic.Dictionary
        <byte, object>();
      evt.Parameters[ 0 ] = PlayerID;

      this.SendEvent( evt, new SendParameters() );
    }

    protected override void OnDisconnect( DisconnectReason
      reasonCode, string reasonDetail )
    {
      lock( StarCollectorDemoGame.Instance )
      {
        StarCollectorDemoGame.Instance.PeerLeft( this );
      }
    }

    protected override void OnOperationRequest( OperationRequest
      operationRequest, SendParameters sendParameters )
    {
      StarCollectorDemoGame.Instance.OnOperationRequest( this,
        operationRequest, sendParameters );
    }
  }
}
```

그리고 이벤트 타입에 대한 enum 변수 인스턴스를 추가한다.

```
namespace StarCollectorDemo
{
  public enum StarCollectorEventTypes : byte
```

```
  {
    ReceivePlayerID = 0,
  }
}
```

이제, 플레이어는 접속할 때 플레이어 ID를 부여받는다. 플레이어 ID는 플레이어가 어떤 오브젝트를 소유하고 있는지 또는 누가 특정 메시지(예를 들어, 이동 메시지)를 발송했는지 등을 체크하는 데 활용될 수 있다.

게임 상태 추적

이제 Game 클래스에 액터 목록을 추가해 보려고 한다. 상용 게임에서는 액터 관리를 통합하는 편이 좋겠지만(이렇게 해야 게임에 포함된 액터 유형을 좀 더 손쉽게 확장할 수 있다), 여기서는 관리를 용이하게 하기 위해 Stars와 Players를 분리할 계획이다.

우선, 변수들을 몇 가지 추가해 보자.

```
public List<Star> Stars = new List<Star>();
public List<Player> Players = new List<Player>();
private long lastAssignedActorID = long.MinValue;
private System.Random rand = new System.Random();
```

다음으로, 다음 코드를 이용해서 액터에 대한 오브젝트 ID를 할당하는 함수를 추가해 보자.

```
public long AllocateActorID()
{
  return lastAssignedActorID++;
}
```

오브젝트를 등장시키는 두 개의 메소드를 추가한다. 하나는 별을 등장시키는 것이고, 다른 하나는 플레이어를 등장시키는 것이다.

```
public void SpawnStar()
{
```

```
    // 랜덤 위치를 찾는다
    double x = rand.NextDouble();
    double y = rand.NextDouble();

    // -50에서 +50으로 범위를 잡는다
    x -= 0.5f;
    x *= 100f; // 0.5 * 100 = 50
    y -= 0.5f;
    y *= 100f;

    Star star = new Star();
    star.PosX = (float)x;
    star.PosY = (float)y;

    star.ActorID = AllocateActorID();

    Stars.Add( star );
}

public void SpawnPlayer( StarCollectorDemoPeer peer )
{
    Player player = new Player();
    player.Owner = peer;
    player.ActorID = AllocateActorID();
    Players.Add( player );
}
```

PeerJoined와 PeerLeft 메소드를 수정해서 플레이어 오브젝트를 생성하거나 소멸시켜 보자.

```
public void PeerJoined( StarCollectorDemoPeer peer )
{
    // PeerList에 추가될 피어를 메인 스레드에 스케줄링한다
    executionFiber.Enqueue( () =>
        {
            PeerList.Add( peer );
            SpawnPlayer( peer );
```

```
    } );
}


public void PeerLeft( StarCollectorDemoPeer peer )
{
  // PeerList에서 제거될 피어를 메인 스레드에 스케줄링한다
  executionFiber.Enqueue( () =>
  {
    PeerList.Remove( peer );

    // 이 피어에게 속하는 플레이어 오브젝트를 제거한다
    Players.RemoveAll( player => { return player.Owner == peer; } );
  } );
}
```

마지막으로, 다음 코드를 이용해서 플레이어를 시뮬레이션하고 플레이어와 별 사이의 충돌을 탐지하는 Simulate 함수를 추가한다.

```
public void Simulate( float timeStep )
{
  // 반복문에서 별의 배열을 수정할 수 있도록 별 배열을 복사한다
  Star[] stars = Stars.ToArray();

  foreach( Player player in Players )
  {
    // "물리 처리"를 시뮬레이션한다
    player.Simulate( timeStep );

    // 플레이어를 각 별과 비교한다
    foreach( Star star in stars )
    {
      if( star.DetectCollision( player ) )
      {
        // 별과의 충돌 탐지됨
      }
    }
```

142

```
    }
}
```

이제 별과 플레이어를 계속 추적할 수 있게 됐다. `Players` 클래스는 피어가 참여할 때 생성되고 피어가 떠날 때 제거된다. 각 게임 틱마다 플레이어들이 시뮬레이션되고 나서, 각 별과의 충돌이 체크된다.

남아 있는 일이 몇 가지 있다. 각 라운드가 시작될 때 새로운 별들을 등장시켜야 하고, 별들이 획득될 때마다 해당 별을 소멸시키고 점수를 증가시켜야 하며, 이런 일이 발생할 때 클라이언트들이 게임 상태와 동기화되도록 클라이언트에게 이벤트를 보내야 한다.

별의 등장과 획득

우선 새로운 `InitRound` 메소드를 만든다. 이 메소드는 모든 플레이어들을 초기화하고, 100개의 별을 등장시킨다. 이 메소드를 Game 클래스에 추가한다

```
public void InitRound()
{
  // 플레이어들을 초기화한다
  foreach( Player player in Players )
  {
    player.PosX = 0f;
    player.PosY = 0f;
    player.VelocityX = 0f;
    player.VelocityY = 0f;
    player.Score = 0;
  }

  // 새로운 별을 등장시킨다
  for( int i = 0; i < 100; i++ )
  {
    SpawnStar();
  }
}
```

그리고, 이 메시지를 우리 게임의 Startup 메소드에서 호출하는 것으로 시작한다. 따라서 서버 시작 직후에 라운드가 시작된다.

```
public void Startup()
{
    // 새로운 실행 파이버를 생성하고 시작한다
    executionFiber = new PoolFiber();
    executionFiber.Start();

    PeerList = new List<StarCollectorDemoPeer>();

    // 새로운 라운드를 시작한다
    InitRound();
}
```

또한 새로운 함수로 플레이어가 별을 획득하는 경우를 처리한다.

```
public void StarPickedUp( Star star, Player taker )
{
    Stars.Remove( star );

    taker.Score++;

    if( Stars.Count == 0 )
    {
        // 라운드 종료!

        // 라운드를 재시작한다
        InitRound();
    }
}
```

그리고 별에서 충돌이 탐지될 때 이 함수를 호출한다.

```
public void Simulate( float timeStep )
{
    // 반복문 안에서 별 배열을 수정할 수 있도록 별 배열을 복사한다
```

```
Star[] stars = Stars.ToArray();

foreach( Player player in Players )
{
  // '물리 처리'를 시뮬레이션한다
  player.Simulate( timeStep );

  // 플레이어와 각 별을 비교한다
  foreach( Star star in stars )
  {
    if( star.DetectCollision( player ) )
    {
      // 별과의 충돌이 탐지됨
      StarPickedUp( star, player );
    }
  }
}
```

서버 로직이 거의 완료됐다. 아직 승자를 발표하는 기능과 중요한 이벤트를 클라이언트에게 브로드캐스트하는 기능이 남아 있다.

이벤트 브로드캐스트

중요한 게임플레이 이벤트를 플레이어에게 브로드캐스트하는 것부터 시작한다.

플레이어가 참여하면, 우선 씬에서 이용 가능한 모든 액터들을 그들에게 알려줘야 할 것이다.

액터의 생성, 소멸, 갱신을 위한 몇 가지 이벤트 타입을 추가한다.

```
namespace StarCollectorDemo
{
  public enum StarCollectorEventTypes : byte
  {
    ReceivePlayerID = 0,
    CreateActor = 1,
```

```
        DestroyActor = 2,
        UpdateActor = 3
    }
}
```

그리고 접속된 모든 피어들에게 이벤트를 브로드캐스트하기 위해 Game 클래스에 새로운 메소드를 하나 추가해 보자.

```
public void BroadcastEvent( IEventData evt, SendParameters param )
{
    foreach( StarCollectorDemoPeer peer in PeerList )
    {
        peer.SendEvent( evt, param );
    }
}
```

이제, 플레이어나 별이 생성될 때를 위한 이벤트를 브로드캐스트해 보자. SpawnStar 메소드를 다음과 같이 수정한다.

```
public void SpawnStar()
{
    // 랜덤 위치를 찾는다
    double x = rand.NextDouble();
    double y = rand.NextDouble();

    // -50에서 +50으로 범위를 잡는다
    x -= 0.5f;
    x *= 100f; // 0.5 * 100 = 50
    y -= 0.5f;
    y *= 100f;

    Star star = new Star();
    star.PosX = (float)x;

    star.PosY = (float)y;
    star.ActorID = AllocateActorID();
    Stars.Add( star );
```

```
  EventData evt = new EventData(
    (byte)StarCollectorEventTypes.CreateActor );
  evt.Parameters = new Dictionary<byte, object>();
  evt.Parameters[ 0 ] = star.ActorType;
  evt.Parameters[ 1 ] = star.ActorID;
  evt.Parameters[ 2 ] = star.PosX;
  evt.Parameters[ 3 ] = star.PosY;
  BroadcastEvent( evt, new SendParameters() );
}
```

별들은 항상 서버가 소유하고 있으므로, 별들에 대한 CreateActor 이벤트를 브로드
캐스트할 때 소유자 ID에 대한 정보를 전송할 필요는 없다.

플레이어 CreateActor 이벤트는 거의 비슷해 보이지만, 이번에는 소유자의 플레이어
ID까지 브로드캐스트한다.

```
public void SpawnPlayer( StarCollectorDemoPeer peer )
{
  Player player = new Player();
  player.Owner = peer;
  player.ActorID = AllocateActorID();
  Players.Add( player );
  EventData evt = new EventData(
    (byte)StarCollectorEventTypes.CreateActor );
  evt.Parameters = new Dictionary<byte, object>();
  evt.Parameters[ 0 ] = player.ActorType;
  evt.Parameters[ 1 ] = player.ActorID;
  evt.Parameters[ 2 ] = player.PosX;
  evt.Parameters[ 3 ] = player.PosY;
  evt.Parameters[ 4 ] = peer.PlayerID;
  BroadcastEvent( evt, new SendParameters() );
}
```

플레이어가 떠나면, DestroyActor 이벤트를 브로드캐스트해야 한다.

```
public void PeerLeft( StarCollectorDemoPeer peer )
{
```

```
// PeerList에서 제거될 피어를 메인 스레드에 스케줄링한다
executionFiber.Enqueue( () =>
{
  PeerList.Remove( peer );

  // 피어에게 속하는 플레이어 오브젝트를 찾는다
  Player player = Players.Find( actor => { return actor.Owner == peer; } );

  // 플레이어의 액터 ID로 DestroyActor 이벤트를 브로드캐스트한다
  EventData evt = new EventData(
    (byte)StarCollectorEventTypes.DestroyActor );
  evt.Parameters = new Dictionary<byte, object>();
  evt.Parameters[ 0 ] = player.ActorID;

  BroadcastEvent( evt, new SendParameters() );

  // 플레이어 목록에서 제거한다
  Players.Remove( player );
} );
}
```

DestoryActor 이벤트에는 하나의 액터 ID만 포함되면 된다는 점에 유의한다. 클라이언트는 액터 ID를 이용해서 게임 오브젝트를 찾아보고 해당 게임 오브젝트를 소멸시킨다.

그리고, 플레이어가 별을 획득할 때도 동일한 처리를 해야 할 것이다.

```
public void StarPickedUp( Star star, Player taker )
{
  Stars.Remove( star );

  // DestroyActor 이벤트를 브로드캐스트한다
  EventData evt = new EventData(
    (byte)StarCollectorEventTypes.DestroyActor );
  evt.Parameters = new Dictionary<byte, object>();
  evt.Parameters[ 0 ] = star.ActorID;
```

```
BroadcastEvent( evt, new SendParameters() );

taker.Score++;

if( Stars.Count == 0 )
{
  // 라운드 종료!

  // 라운드를 재시작한다
  InitRound();
}
}
```

또한 현재 게임 상태를 새로운 클라이언트에게 반드시 전송해야 한다. 각각의 플레이어와 별에 반복문을 사용해서 새로운 피어에게 CreateActor 이벤트를 보낸다(브로드캐스트하지 말고).

```
public void PeerJoined( StarCollectorDemoPeer peer )
{
  // PeerList에 추가될 피어를 메인 스레드에 스케줄링한다
  executionFiber.Enqueue( () =>
    {
      PeerList.Add( peer );

      // 플레이어에게 모든 플레이어와 별에 대한 CreateActor 이벤트를 보낸다

      foreach( Player p in Players )
      {
        EventData evt = new EventData(
          (byte)StarCollectorEventTypes.CreateActor );
        evt.Parameters = new Dictionary<byte, object>();
        evt.Parameters[ 0 ] = p.ActorType;
        evt.Parameters[ 1 ] = p.ActorID;
        evt.Parameters[ 2 ] = p.PosX;
        evt.Parameters[ 3 ] = p.PosY;
        evt.Parameters[ 4 ] = ( p.Owner as StarCollectorDemoPeer).
          PlayerID;
```

```
      peer.SendEvent( evt, new SendParameters() );
    }

    foreach( Star s in Stars )
    {
      EventData evt = new EventData(
        (byte)StarCollectorEventTypes.CreateActor );
      evt.Parameters = new Dictionary<byte, object>();
      evt.Parameters[ 0 ] = s.ActorType;
      evt.Parameters[ 1 ] = s.ActorID;
      evt.Parameters[ 2 ] = s.PosX;
      evt.Parameters[ 3 ] = s.PosY;

      peer.SendEvent( evt, new SendParameters() );
    }

    SpawnPlayer( peer );
  } );
}
```

채팅 메시지 역시 브로드캐스트되어야 한다. 이를 위해 새로운 이벤트 타입을 추가해 보자.

```
namespace StarCollectorDemo
{
  public enum StarCollectorEventTypes : byte
  {
    ReceivePlayerID = 0,
    CreateActor = 1,
    DestroyActor = 2,
    UpdateActor = 3,
    ChatMessage = 4
  }
}
```

당장은 한 가지만 브로드캐스트한다. 마지막 별이 획득되면, 승자를 발표하는 채팅 메시지를 브로드캐스트할 것이다.

이를 위해 링큐^{LINQ}를 이용한다. 플레이어들을 최고 점수 기준으로 내림차순 정렬한 다음, 목록에서 첫 번째 플레이어(가장 높은 점수를 가진 플레이어)를 선택한다. 라운드를 재시작하기 전에, 승자를 발표하는 채팅 메시지를 표시한다.

```
public void StarPickedUp( Star star, Player taker )
{
  Stars.Remove( star );

  // DestroyActor 이벤트를 브로드캐스트한다
  EventData evt = new EventData( (byte)StarCollectorEventTypes.
    DestroyActor );
  evt.Parameters = new Dictionary<byte, object>();
  evt.Parameters[ 0 ] = star.ActorID;

  BroadcastEvent( evt, new SendParameters() );

  taker.Score++;

  if( Stars.Count == 0 )
  {
    // 라운드 종료!

    // 플레이어들을 점수순으로 정렬하고, 최고 점수를 가진 플레이어를 선택한다
    Player winner = ( from p in Players orderby taker.Score
      descending select p ).First();

    // 채팅 메시지를 브로드캐스트한다
    EventData chatEvt = new EventData(
      (byte)StarCollectorEventTypes.ChatMessage );
    chatEvt.Parameters = new Dictionary<byte, object>();
    chatEvt.Parameters[0] = "Player " + ( winner.Owner as
      StarCollectorDemoPeer).PlayerID.ToString() + " wins the round
      with " + winner.Score + " stars!";
    BroadcastEvent( chatEvt, new SendParameters() );

    // 라운드를 재시작한다
    InitRound();
```

```
    }
}
```

브로드캐스트해야 할 마지막 이벤트가 하나 남았다. 매 시뮬레이션 틱 이후에, 각 플레이어에 대한 이동 이벤트를 브로드캐스트해야 할 것이다(우리의 시뮬레이션은 초당 10번 일어난다). 이 목적을 위해 UpdateActor 이벤트 코드가 필요하다.

```
public void Simulate( float timeStep )
{
    // 반복문 안에서 배열을 수정하기 위해 별 배열을 복사한다
    Star[] stars = Stars.ToArray();

    foreach( Player player in Players )
    {
        // '물리 처리'를 시뮬레이션한다
        player.Simulate( timeStep );
        // 이동 이벤트를 브로드캐스트한다
        EventData moveEvt = new EventData(
            (byte)StarCollectorEventTypes.UpdateActor );
        moveEvt.Parameters = new Dictionary<byte, object>();
        moveEvt.Parameters[ 0 ] = player.ActorID;
        moveEvt.Parameters[ 1 ] = player.PosX;
        moveEvt.Parameters[ 2 ] = player.PosY;
        BroadcastEvent( moveEvt, new SendParameters() );

        // 플레이어를 각각의 별과 비교한다
        foreach( Star star in stars )
        {
            if( star.DetectCollision( player ) )
            {
                // 별과의 충돌이 탐지됨
                StarPickedUp( star, player );
            }
        }
    }
}
```

152

그리고 플레이어가 보낸 몇몇 종류의 이동 요청에 응답해야 한다. 이를 위해 새로운 요청 코드를 하나 추가해 보자.

```
namespace StarCollectorDemo
{
  public enum StarCollectorRequestTypes : byte
  {
    MoveCommand = 0
  }
}
```

플레이어가 보낸 이동 명령을 처리할 때는, 플레이어의 속도를 설정해야 할 것이다.

```
public void ProcessMessage( StarCollectorDemoPeer sender,
  OperationRequest operationRequest, SendParameters sendParameters )
{
  if( operationRequest.OperationCode ==
    (byte)StarCollectorRequestTypes.MoveCommand )
  {
    // 플레이어가 보낸 이동 명령
    long actorID = (long)operationRequest.Parameters[ 0 ];
    float velX = (float)operationRequest.Parameters[ 1 ];
    float velY = (float)operationRequest.Parameters[ 2 ];

    // 액터를 찾는다
    Player player = ( Players.Find( pl => { return pl.ActorID == actorID;
} ) );

    // 속도를 적용한다
    player.VelocityX = velX;
    player.VelocityY = velY;
  }
}
```

이제 플레이어는 서버에 MoveCommand 오퍼레이션 요청을 보낼 수 있으며, 이 요청은 서버 사이드 플레이어 액터의 속도를 수정한다.

이제 게임 로직이 완성됐다. 서버가 완벽히 동작하게 하기 위해 사전에 처리해야 할 일이 마지막 한 가지 남았는데, 바로 게임 루프를 시작하는 일이다. 게임 루프는 주기적으로 Simulate 메소드를 호출한다. 다행히도 반복되는 이벤트를 스케줄링하는 데 우리의 실행 파이버를 활용할 수 있다.

```
public void Startup()
{
  // 새로운 실행 파이버를 생성해서 시작한다
  executionFiber = new PoolFiber();
  executionFiber.Start();

  PeerList = new List<StarCollectorDemoPeer>();

  // 새로운 라운드를 시작한다
  InitRound();

  // Simulate를 초당 10회 또는 10분의 1초당 한 번으로 스케줄링한다
  executionFiber.ScheduleOnInterval(
    delegate()
    {
      Simulate( 0.1f );
    }, 0, 100 );
}
```

이제 우리 서버는 완전한 기능을 갖추게 됐다. 남은 일이라곤 유니티에서 서버에 접속한 다음, 서버에서 보내는 다양한 이벤트들을 처리하는 것뿐이다.

유니티에서 접속하기

서버에 접속하기 위해 첫 번째로 해야 할 일은 피어 리스너listener를 만드는 것이다.

```
using UnityEngine;
using System.Collections;

using ExitGames.Client.Photon;
```

```
public class StarCollectorClient : MonoBehaviour, IPhotonPeerListener
{
  public static PhotonPeer Connection;
  public static bool Connected = false;
  public static long PlayerID;

  public string ServerIP = "127.0.0.1:5055";
  public string AppName = "StarCollectorDemo";

  void Start()
  {
    Debug.Log( "Connecting..." );
    Connection = new PhotonPeer( this, ConnectionProtocol.Udp );
    Connection.Connect( ServerIP, AppName );
    StartCoroutine( doService() );
  }

void OnDestroy()
{
  // 클라이언트 게임 오브젝트가 소멸되면 명시적으로 접속을 끊는다
  if( Connected )
    Connection.Disconnect();
}
  // 초당 20회 피어를 갱신한다
  IEnumerator doService()
  {
    while( true )
    {
      Connection.Service();
      yield return new WaitForSeconds( 0.05f );
    }
  }

  #region IPhotonPeerListener Members
  public void DebugReturn( DebugLevel level, string message )
  {
    // 메시지를 콘솔에 기록한다
```

```csharp
    Debug.Log( message );
  }


  public void OnEvent( EventData eventData )
  {
    // 서버에서 이벤트를 발생시켰다
  }


  public void OnOperationResponse( OperationResponse operationResponse )
  {
    // 서버에서 오퍼레이션 요청 응답을 보냈다
  }


  public void OnStatusChanged( StatusCode statusCode )
  {
    // 상태 변화를 기록한다
    Debug.Log( "Status change: " + statusCode.ToString() );
    switch( statusCode )
    {
      case StatusCode.Connect:
        Debug.Log( "Connected, awaiting player ID..." );
        break;
      case StatusCode.Disconnect:
      case StatusCode.DisconnectByServer:
      case StatusCode.DisconnectByServerLogic:
      case StatusCode.DisconnectByServerUserLimit:
      case StatusCode.Exception:
      case StatusCode.ExceptionOnConnect:
      case StatusCode.SecurityExceptionOnConnect:
      case StatusCode.TimeoutDisconnect:
        StopAllCoroutines();
        Connected = false;
        break;
    }
  }
  #endregion
}
```

우선, Startup이 서버에 접속해서 초당 20회 피어를 갱신한다. 예외가 발생하면 접속을 끊고, 타임 아웃이 발생하면 피어 갱신을 중단하고 Connected를 거짓으로 설정한다. 피어가 이런 내용을 보고하고 해당 피어가 애플리케이션에 접속한 적이 있다면, 디버그 메시지(애플리케이션이 플레이어 ID를 기다리는 중이며 이후에 게임상태를 받을 것이라는 내용)를 출력한다.

계속하기에 앞서, 서버에서 정의했던 enum 변수 인스턴스(StarCollectorRequestTypes와 StarCollectorEventTypes)를 유니티 프로젝트에 복사한다.

첫 번째로 해야 할 일은 다음과 같이 플레이어 ID를 받아서 그것을 정적 long형 변수에 저장하는 것이다.

```
public void OnEvent( EventData eventData )
{
  // 서버가 이벤트를 발생시켰다
  switch( (StarCollectorEventTypes)eventData.Code )
  {
    // 플레이어 ID를 저장한다
    case StarCollectorEventTypes.ReceivePlayerID:
      long playerId = (long)eventData.Parameters[ 0 ];
      PlayerID = playerId;
      break;
  }
}
```

이제 클라이언트가 접속할 때, 플레이어 ID를 저장할 것이다. 플레이어 ID는 자신이 소유한 플레이어 액터가 누구인지 확인하는 데 사용된다.

액터의 생성과 소멸

다음으로, 게임 오브젝트를 등장시키거나 삭제시켜서 CreateActor/DestroyActor 이벤트를 처리해 보자. 첫 번째로 해야 할 일은 스크립트를 몇 개 작성하는 것인데, 하나는 액터 ID를 저장하는 것이고 다른 하나는 소유자 ID를 저장하는 것이다. 별에는 오직 액터 ID 컴포넌트만 필요하지만, 플레이어에게는 둘 다 필요하다.

우리의 액터 ID 컴포넌트는 다음과 같다.

```
using UnityEngine;
using System.Collections;
using System.Collections.Generic;

public class GameActor : MonoBehaviour
{
  public static Dictionary<long, GameActor> Actors = new
    Dictionary<long, GameActor>();

  public long ActorID;

  void SetActorID( long actorID )
  {
    this.ActorID = actorID;
    Actors.Add( this.ActorID, this );
  }

  public void Destruct()
  {
    Actors.Remove( this.ActorID );
    Destroy( gameObject );
  }
}
```

액터를 등장시킬 때, SetActorID를 즉시 호출해야 한다. 이렇게 해야 오브젝트가 Dictionary 오브젝트 내에 저장된다. Dictionary 오브젝트를 이용하면 ID로 손쉽게 액터를 찾을 수 있다. Destruct 메소드는 주로 편의성을 위한 것인데, Dictionary 오브젝트의 항목 제거와 실제 게임 오브젝트의 소멸을 담당한다.

그리고 다음 코드를 이용해서 OwnerID 컴포넌트를 만든다.

```
using UnityEngine;
using System.Collections;

public class OwnerInfo : MonoBehaviour
```

```
{
  public long OwnerID;

  public bool IsMine
  {
    get
    {
      return OwnerID == StarCollectorClient.PlayerID;
    }
  }

  void SetOwnerID( long ownerID )
  {
    this.OwnerID = ownerID;
  }
}
```

이 스크립트에서 가장 중요한 부분은 OwnerID를 기반으로 해당 오브젝트가 로컬 클라이언트에 소속되어 있는지 확인하는 것이다.

필요한 컴포넌트들을 생성했으므로, 이제 플레이어와 별에 대한 프리팹을 몇 가지 만들어 보자.

우선, Player 프리팹을 만들어 보자. 정육면체를 하나 생성하고, GameActor와 OwnerInfo 스크립트를 부착한다. 이것을 프로젝트의 프리팹으로 저장한다. Star에 대해서는 정육면체를 생성해서 0.5×0.5×0.5로 크기를 줄인 다음, GameActor 컴포넌트를 부착한다. 이것 역시 프리팹으로 저장한다.

이제, Client 클래스를 수정해서 Create와 Destory 이벤트를 처리한다.

우선, 스크립트 상단에 몇 가지 프리팹 참조를 추가할 것이다.

```
public class StarCollectorClient : MonoBehaviour, IPhotonPeerListener
{
  public static PhotonPeer Connection;
  public static bool Connected = false;
  public static long PlayerID;
```

```
    public string ServerIP = "127.0.0.1:5055";
    public string AppName = "StarCollectorDemo";

    public GameObject PlayerPrefab;
    public GameObject StarPrefab;

    // [...]
```

그리고, OnEvent 메소드에서 해당되는 이벤트들을 처리한다.

```
public void OnEvent( EventData eventData )
{
  // 서버가 이벤트를 발생시켰다
  switch( (StarCollectorEventTypes)eventData.Code )
  {
    // 플레이어 ID를 저장한다
    case StarCollectorEventTypes.ReceivePlayerID:
      long playerId = (long)eventData.Parameters[ 0 ];
      PlayerID = playerId;
      Debug.Log( "Received player ID, awaiting game state..." );
      break;
    // 액터를 등장시킨다
    case StarCollectorEventTypes.CreateActor:
      byte actorType = (byte)eventData.Parameters[ 0 ];
      long actorID = (long)eventData.Parameters[ 1 ];
      float posX = (float)eventData.Parameters[ 2 ];
      float posY = (float)eventData.Parameters[ 3 ];
      GameObject actor = null;
      switch( actorType )
      {
        // 별
        case 0:
          actor = (GameObject)Instantiate( StarPrefab, new Vector3(
            posX, 0f, posY ), Quaternion.identity );
          break;
        // 플레이어
        case 1:
```

```
            long ownerID = (long)eventData.Parameters[ 4 ];
            actor = (GameObject)Instantiate( PlayerPrefab, new Vector3
                ( posX, 0f, posY ), Quaternion.identity );
            actor.SendMessage( "SetOwnerID", ownerID );
            break;
        }
        actor.SendMessage( "SetActorID", actorID );
        break;
    // 액터를 소멸시킨다
    case StarCollectorEventTypes.DestroyActor:
        GameActor destroyActor = GameActor.Actors[
            (long)eventData.Parameters[ 0 ] ];
        if( destroyActor != null )
            destroyActor.Destruct();
        break;
    }
}
```

클라이언트 스크립트를 빈 게임 오브젝트에 배치하고(아직 배치하지 않았다면), Player
와 Star 프리팹을 적합한 슬롯에 할당한다. 서버를 실행하고 유니티에서 접속해 보
면, 벌판에 랜덤하게 배치된 '별'들과 중앙 부분에서 한 명의 '플레이어'를 볼 수 있을
것이다. 이제 거의 완료됐으며, 구현해야 할 것은 몇 가지만 남았다. 플레이어 오브젝
트에 컨트롤을 추가하는 것, 이동 업데이트의 수신 그리고 채팅 메시지 출력하는 것
이다.

플레이어 제어

첫 번째로 해야 할 일은 Player 스크립트를 작성하는 것이다. Player 오브젝트가 우
리에게 소속된 것이라면 이 스크립트를 통해 컨트롤할 수 있다. 이를 처리하기 위해
다음 코드를 활용할 것이다.

```
using UnityEngine;
using System.Collections;
using System.Collections.Generic;
```

```csharp
public class Player : MonoBehaviour
{
  public float MoveSpeed = 5f;

  private OwnerInfo ownerInfo;
  private GameActor actorInfo;
  private bool isMine = false;

  private Vector3 lastReceivedMove;

  private float timeOfLastMoveCmd = 0f;

  void Start()
  {
    timeOfLastMoveCmd = Time.time;

    lastReceivedMove = transform.position;
    ownerInfo = GetComponent<OwnerInfo>();
    actorInfo = GetComponent<GameActor>();
    isMine = ( ownerInfo.OwnerID == StarCollectorClient.PlayerID );
  }

  void Update()
  {
    if( isMine )
    {
      // 이동 방향을 구한다
      float mX = Input.GetAxis( "Horizontal" ) * MoveSpeed;
      float mY = Input.GetAxis( "Vertical" ) * MoveSpeed;

      if( Time.time >= timeOfLastMoveCmd + 0.1f )
      {
        timeOfLastMoveCmd = Time.time;

        // 0.1초마다 서버에 이동 명령을 보낸다
        Dictionary<byte, object> moveParams = new Dictionary<byte,
          object>();
```

```
            moveParams[ 0 ] = actorInfo.ActorID;
            moveParams[ 1 ] = mX;
            moveParams[ 2 ] = mY;
            StarCollectorClient.Connection.OpCustom(
                (byte)StarCollectorRequestTypes.MoveCommand, moveParams, false );
        }
    }

    // 마지막으로 수신된 위치를 향해 부드럽게 움직인다
    transform.position = Vector3.Lerp( transform.position,
        lastReceivedMove, Time.deltaTime * 20f );
}

void UpdatePosition( Vector3 newPos )
{
    lastReceivedMove = newPos;
}
}
```

이 스크립트는 우리의 Player 프리팹에 적용된다. 맨 먼저 GameActor 컴포넌트, 이어서 OwnerInfo 대한 참조를 얻는다. 그 다음 OwnerID와 로컬 PlayerID를 비교해서 액터가 로컬 플레이어에게 속하는지를 체크한다.

액터가 플레이어에게 속한다면 입력 명령 처리를 진행한다. 0.1초마다(초당 10번씩) Move 명령을 서버로 보내고, 이 명령은 서버가 주어진 액터의 속도를 갱신하게 한다.

추가로, 이 스크립트는 '마지막으로 수신된 위치'를 추적한다. 서버로부터 이동 갱신 신호를 받으면, 우리는 적합한 액터에 대해 UpdatePosition 메소드를 호출할 것이다. 이 결과로 액터는 해당 위치를 향해 부드럽게 움직일 것이다.

다음으로 서버로부터 이동 명령 수신을 시작해 보자. 적합한 액터를 찾은 다음 해당 액터의 위치를 갱신하기 위해 SendMessage를 호출할 것이다. StarCollectorClient 의 OnEvent 메소드에 있는 switch 구문에 다음 case문을 추가한다.

```
// 액터를 갱신한다
case StarCollectorEventTypes.UpdateActor:
    GameActor updateActor = GameActor.Actors[
```

```
  (long)eventData.Parameters[ 0 ] ];
  float newPosX = (float)eventData.Parameters[ 1 ];
  float newPosY = (float)eventData.Parameters[ 2 ];
  updateActor.SendMessage( "UpdatePosition", new Vector3(
    newPosX, 0f, newPosY ), SendMessageOptions.
    DontRequireReceiver );
break;
```

이어서 채팅 메시지를 표시하려고 한다. 이 예제에 대해서는 디버그 로그를 이용할 것이다(실제 게임에서는 채팅 상자 같은 GUI로 표시하게 될 것이다). 따라서 채팅 메시지를 위한 또다른 case문을 추가한다.

```
// 채팅 메시지를 기록한다
case StarCollectorEventTypes.ChatMessage:
  Debug.Log( (string)eventData.Parameters[ 0 ] );
  break;
```

마지막으로 해야 할 일이 한 가지 남았다. 메인 씬에서 위에서 내려다보는 뷰를 얻기 위해 카메라를 이동시켜야 한다. 카메라를 **Orthographic**로 설정하고 (0, 100, 0)으로 이동시킨 다음, **Orthographic Size**를 51로 설정한다. 이렇게 하면 별들을 전부 볼 수 있는 충분한 공간이 카메라에 잡힐 것이다(50으로도 충분하지만 1을 더한 것은 약간의 경계를 더해서 모서리에 있는 별을 편하게 보기 위해서다).

이제, 서버가 실행 중인지 확인하고 메인 씬을 시작한다. 플레이 필드에는 100개의 작은 정육면체가, 중앙에는 좀 더 큰 한 개의 정육면체가 등장하게 될 것이다. 화살표 키로 큰 정육면체를 조종해서 별에게 접근하면 별을 수집할 수 있다. 별들이 모두 수집되고 나면 정육면체는 중앙으로 되돌아오고, 모든 별들이 다시 등장하며 콘솔에 게임 승리자의 PlayerID가 표시된다(예를 들면, 승리는 100개의 별을 모은 Player -9223372036854775808!)

요약

3장에서는 포톤 서버가 유니티 네트워킹이나 포톤 유니티 네트워킹 같은 미들웨어와 다른 점을 알아봤다. 포톤 서버에 접속하는 방법, 오퍼레이션 요청을 보내는 방법 그리고 이벤트나 오퍼레이션 요청 응답을 받는 방법을 배웠다. 또한 이런 요청을 받아서 응답을 회신하거나 이벤트를 브로드캐스트하는 커스텀 서버 애플리케이션을 개발하는 방법까지 배웠다.

이런 개념들을 응용해서 간단한 별 수집 게임을 개발해봤다. 이 게임에서 플레이어는 가능한 많은 '별'들을 수집하는 경쟁을 벌이는데, 별들이 모두 수집됐을 때 가장 많은 별을 모은 플레이어가 승자가 된다.

다음 장에선, Player.IO라고 알려진 또다른 전용 서버 기술을 다뤄볼 예정이다.

4

Player.IO: 봇 전쟁

3장에서는 전용 서버 기술의 첫 번째로 포톤 서버에 대해 살펴봤다. 4장에서는 Player.IO라고 알려진 또다른 전용 서버 기술을 다룰 예정이다.

포톤 서버와 마찬가지로, Player.IO는 플레이어가 서버에 접속해서 메시지를 보내고 서버가 게임 로직을 처리하는 전용 서버 모드를 실행한다. 또한 Player.IO에는 로그인/계정 시스템, 데이터베이스, 순위표 등의 다양한 다른 기능들이 포함되어 있다. 이 기술은 사용자가 서버를 직접 호스팅할 수 없고 사업체에 의해 호스팅된다는 점에서 포톤 클라우드와 유사하다.

4장에서 다룰 내용은 다음과 같다.

- Player.IO와 포톤 서버의 차이점
- 개발 서버 인스턴스 준비
- 유니티 클라이언트 SDK 준비
- Player.IO 접속, 방 참여 및 메시지 송수신
- BigDB를 통한 데이터의 로드와 저장
- 오브젝트 ID의 클라이언트 사이드의 즉석 생성
- 간단한 멀티플레이어 RTS 프로토타입 개발

그럼, 시작해 보자.

Player.IO vs 포톤 서버

Player.IO는 많은 부분에서 포톤 서버와 다르게 동작한다. 가장 큰 차이점 중 하나는 Player.IO가 클라우드 호스팅된다는 것이다. 즉, 우리의 게임 코드가 공유된 서버 클러스터상에서 실행된다는 것이고, 아울러 해당 클라우드에서 전용 클러스터를 임대하는 것 역시 가능하다는 뜻이다. 추가로 Player.IO는 방 기반이다. Player.IO에 접속되면 접속할 방을 지정해야 하며, 플레이어들은 서로 다른 방으로 분리된다. 예를 들어, MMO 게임에서는 월드의 각 지역에 대해 서로 다른 '방'들이 존재하게 될 것이다. 전용 클러스터가 아닌 경우, 방의 인원은 45명으로 한정된다. 전용 클러스터를 임대한 경우에는 제한이 없다.

마지막으로 한 가지 큰 차이점은, Player.IO가 원래 플래시 애플리케이션용으로 설계된 데다 플래시는 UDP를 지원하지 않는 관계로, Player.IO는 TCP만을 지원한다. 추가로, Player.IO는 메시지 처리에 대해 엄격한 제한을 가하므로 메시지가 너무 많으면 접속이 끊길 수 있다.

그 외에는, 세부 사항은 다를지라도 포톤에서 배웠던 대부분의 개념들이 Player.IO에 적용될 수 있다. 일단, 테스트를 위해 개발 서버를 구축해 보자.

개발 서버 준비[1]

우선 http://gamesnet.yahoo.com/register에서 Player.IO 개발자 계정을 등록해야 한다.

계정을 등록하면 자동으로 **Create Game** 화면이 뜬다. 게임 이름을 입력하고 나중에 접속을 위해 필요하므로 게임 ID를 복사해 두자.

다음으로 https://gamesnet.yahoo.com/download/에서 플래시, 유니티 클라이언트 SDK 및 개발 서버가 포함되어 있는 개발자 패키지를 다운로드한다.

---

1 현재 번역 시점에 Player.IO는 Yahoo Game Network에 흡수됐으며, http://playeriomcom 사이트 역시 http://gamesnet. yahoo.com으로 바뀌었다. 따라서, 원서의 내용은 현 상황과 다른 부분이 다소 발견되어, 가급적 현 상황에 맞춰 역자가 바꿔서 번역해두었음을 알려둔다. - 옮긴이

이 파일을 다운로드해서 압축을 푼 다음, Flash 폴더로 이동해서 NewGame 폴더를 복사한다. 이 폴더를 원하는 곳(나는 대개 같은 디렉토리 안에 복사한다)에 복사하고 이름을 바꾼 다음, 이전의 Flash 폴더를 삭제한다. 이제 SLN 파일을 열어서 개발을 시작할 수 있다.

처음으로 서버를 실행하면 신원을 물어볼 것이다. 개발자 사용자명과 비밀번호를 입력하고 로그인한다. 사용자명과 비밀번호는 서버 단위 기반으로 저장된다. 로그아웃 버튼은 서버 애플리케이션의 우측 상단 구석에 있다.[2]

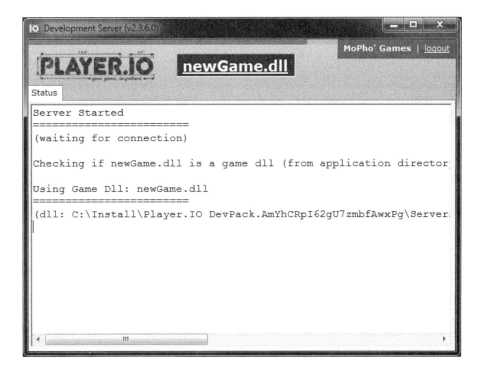

이제 개발을 위한 서버가 준비됐다.

---

2 실제 접속해보면 스크린샷에 Player.IO 대신 YAHOO games network 로고가 뜬다. 그 외 본질적인 내용은 변경된 것이 없으므로 원서의 스크린샷을 그대로 남겨두었다. – 옮긴이

유니티 클라이언트 SDK 준비

유니티 클라이언트 SDK를 이용하려면, Unity3D 폴더로 이동해 `PlayerIOUnity3D Client` DLL과 XML 파일을 복사한다. 이 파일들을 유니티 프로젝트의 Plugins 폴더에 붙여 넣는다.

이제 유니티 프로젝트가 준비됐다.

Player.IO 접속

가장 먼저 해야 할 일은 Player.IO에 접속하는 것이다. Player.IO 접속에는 실제 우리의 개발 서버에 접속하는 과정이 필요하지 않다는 점에 유의한다. 기본적으로 우리클라이언트는 Player.IO 클라우드 서비스에 접속한 다음, 선택된 클러스터에 있는 방에 참여한다.

 기본 설정으로 Player.IO는 공개 클러스터에 접속하지만, 대신 우리의 로컬 서버인 '개발 클러스터'에 접속하라고 클라이언트 라이브러리에 알려줄 수도 있다.

```
using UnityEngine;
using System.Collections;

using PlayerIOClient;

public class ConnectToPlayerIO : MonoBehaviour
{
  Client client;

  void Start()
  {
    PlayerIO.UnityInit( this );

    // 여기에서 Player.IO에 접속한다. 매개변수는 다음과 같다
    // - 앞에서 복사해 둔 ID
```

```
// - 사용할 접속 유형. "public"은 '공개' 접속을 지정한다
// 다른 사용 권한을 갖는 접속 유형을 지정할 수도 있지만,
// 무료 계정에서는 "public"으로만 접근할 수 있다
// - 인증 토큰, 접속에서 인증을 요구하도록 만들 수 있는데,
// 이런 접속을 이용할 경우 사용자 ID로부터 생성한 인증값을 전달한다
// 당장은 신경 쓸 필요가 없으니, null을 전달한다
// 이에 대한 정보는 https://gamesnet.yahoo.net/documentation/connections/
    을 참고하자
// - 사용할 '파트너'. 서드파티들은 Player.IO의 '파트너'로 등록해서
// 파트너페이(PartnerPay) 서비스를 통해 개발자들과 거래 교섭을 할 수 있다
// 당장은 신경 쓸 필요가 없으니, null을 전달한다
// 추가적인 정보는 https://gamesnet.yahoo.net/documentation/partnerpa을
    참고하자
PlayerIO.Connect( "YourGameIDHere", "public",
  "YourUserIDHere", null, null,
  delegate( Client c )
  {
    // 접속 성공
    client = c;
    Debug.Log( "Connected" );
  },
  delegate( PlayerIOError error )
  {
    // 접속 실패
    Debug.Log( error.Message );
  } );
  }
}
```

결과를 반환하리라고 예상되는 Player.IO에 대한 거의 모든 호출은 델리게이트^{delegate}를 통해 이뤄진다. 대개 여기에는 성공과 실패 델리게이트가 관련된다. 이 경우에는 성공하면 Player.IO 서비스를 호출하는 데 이용할 수 있는 클라이언트를 얻는다.

클라이언트가 준비되면, 멀티플레이어 서비스를 호출할 수 있다. 이에 앞서 테스트를 위해 클라이언트가 로컬 개발 서버에 접속하게 한다.

```csharp
using UnityEngine;
using System.Collections;

using PlayerIOClient;

public class ConnectToPlayerIO : MonoBehaviour
{
  public bool UseDevServer = true;

  Client client;

  void Start()
  {
    PlayerIO.UnityInit( this );

    PlayerIO.Connect( "YourGameIDHere", "public",
      "YourUserIDHere", null, null,
    delegate( Client c )
    {
      // 접속 성공
      client = c;
      Debug.Log( "Connected" );

      // 개발 서버를 사용하고 있다면, 로컬 IP에 접속한다
      // 개발 서버는 8184번 포트를 사용하고 있으며,
      // 이 포트는 변경될 수 없다는 점에 유의한다
      if( UseDevServer )
      {
        client.Multiplayer.DevelopmentServer = new ServerEndpoint(
          "127.0.0.1", 8184 );
      }
    },
    delegate( PlayerIOError error )
    {
      // 접속 실패
      Debug.Log( error.Message );
    } );
```

```
    }
}
```

이제 우리가 게임에 접속할 때, `UseDevServer`가 활성화 상태이면 클라이언트가 로컬
서버를 이용할 것이다.

방 목록 얻기

Player.IO와 우리의 로컬 서버에 접속됐으므로, 이제 방 목록을 얻을 수 있다.

```
using UnityEngine;
using System.Collections;

using PlayerIOClient;

public class ConnectToPlayerIO : MonoBehaviour
{
  public bool UseDevServer = true;

  Client client;

  void Start()
  {
    PlayerIO.UnityInit( this );

    PlayerIO.Connect( "YourGameIDHere", "public",
      "YourUserIDHere", null, null,
    delegate( Client c )
    {
      // 접속 성공
      client = c;
      Debug.Log( "Connected" );

      // 개발 서버를 이용하고 있다면, 로컬 IP에 접속한다
      if( UseDevServer )
      {
```

```
      client.Multiplayer.DevelopmentServer = new ServerEndpoint(
        "127.0.0.1", 8184 );
      GetRoomList();
    }
  },
  delegate( PlayerIOError error )
  {
    // 접속 실패
    Debug.Log( error.Message );
  } );
}


void GetRoomList()
{
  // 주어진 방 유형과 검색 조건에 맞는 모든 방의
  // 목록을 얻는다 ( null = 모든 방 )
  client.Multiplayer.ListRooms( "SomeRoomType", null, 0, 0,
    delegate( RoomInfo[] rooms )
    {
      Debug.Log( "Found rooms: " + rooms.Length );
    },
    delegate( PlayerIOError error )
    {
      Debug.Log( error.Message );
    } );
  }
}
```

이 코드는 전체 방의 목록을 얻어서, 이용 가능한 방의 숫자를 표시한다.

ListRooms에 대한 첫 번째 매개변수는 방 유형이다. Player.IO 서버에 각각의 방 유형에 대해 클래스를 생성한다. 예를 들어, FPS에는 Deathmatch(데스매치), TeamDeathmatch(팀 데스매치), CaptureTheFlag(깃발 빼기) 등에 대한 클래스가 있을 수 있다. 이들 각각은 할당된 방 유형 이름을 가지고 있으며, 클라이언트에서 참여하고 싶은 방 유형을 질의할 수 있다.

두 번째 매개변수는 검색 조건의 사전^{dictionary}으로, 검색 조건과 방 사이에서 각각의 속성이 일치해야 한다. 방이 서버에서 생성되면, 방 속성에 대한 사전이 할당될 수 있다. FPS 게임을 예로 들면, 플레이어 한도, 시간 한도, 아군 총격[3], 맵 등의 방 속성을 가질 수 있다. 클라이언트가 ListRooms에 사전을 제공하기 때문에, 플레이어는 특정 조건에 맞는 방을 검색할 수 있다(예를 들어, 아군 총격이 비활성화된 방만 검색). 널 값을 전달하면 검색 조건이 비활성화되고, 그에 따라 모든 방이 반환된다.

다음 두 매개변수는 방 숫자와 결과 오프셋이다. 일부 게임들은 페이지 단위로 로비를 구현해서 로비에 10개 게임을 동시에 표시하는 경우도 있는데, 플레이어는 다음 버튼과 이전 버튼을 클릭해서 페이지를 이동할 수 있다. 이런 경우 방 숫자는 10이될 것이며, 페이지 오프셋은 첫 번째 페이지에 대해서는 0이고 각 페이지에 대해 10씩 증가할 것이다. 방 숫자에 대해서 0(최대한 많은 방을 반환한다), 오프셋에 대해서 0을각각 사용한다.

이 스크립트를 실행하기에 앞서, 개발 서버가 실행 중인지 확인해야 한다(솔루션을 열어서 F5를 누른다).

이 코드를 실행하면, 접속이 진행되고 이어서 열려져 있는 방(현재는 없음)의 번호가 나열되는 장면을 볼 수 있을 것이다.

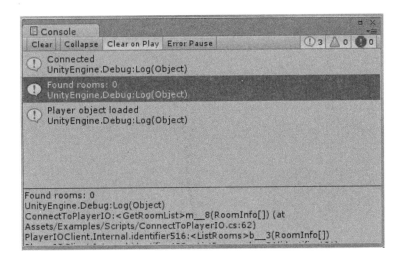

방 접속

방 목록을 얻은 후에는, JoinRoom 메소드를 이용해서 방에 접속할 수 있다. JoinRoom 메소드는 방의 이름을 받아들이고, 접속 시 방에 제공되는 '참여 데이터'의 사전을 선택적으로 받을 수 있다. 이런 참여 데이터는 다양한 목적에 활용될 수 있다. 예를 들어, 사용자명을 제공할 수 있으며, 방이 비밀번호로 보호되어 있는 경우에는 이 데이터에 비밀번호가 포함될 수 있다.

반환된 방들을 저장하고 OnGUI 내에서 반복문으로 처리한다.

우선, 다음과 같이 몇 가지 변수들을 추가해 보자.

```
Connection roomConnection;
private RoomInfo[] rooms = null;
```

다음으로 GetRoomList 함수를 수정해 보자.

```
void GetRoomList()
{
  // 주어진 방 유형과 검색 조건에 맞는
  // 전체 방 목록을 얻는다 (null = 모든 방)
  client.Multiplayer.ListRooms( "SomeRoomType", null, 0, 0,
    delegate( RoomInfo[] rooms )
    {
      Debug.Log( "Found rooms: " + rooms.Length );
      this.rooms = rooms;
    },
    delegate( PlayerIOError error )
    {
      Debug.Log( error.Message );
    } );
}
```

그리고 마지막으로, OnGUI 내에서 반복문을 돌려서 방 목록을 표시한다. 게임 클라이언트가 종료될 때 현재 참여한 방의 접속을 끊게 할 수 있다. 꼭 필요한 건 아니지만, 좋은 습관임에 틀림없다.

176

```
void OnGUI()
{
  // 방 목록이 없음 - 중단한다
  if( rooms == null )
    return;

  // 방 목록에서 방들을 반복 처리한다
  foreach( RoomInfo room in rooms )
  {
    // 버튼을 클릭해서 방에 참여한다
    if( GUILayout.Button( room.Id, GUILayout.Width( 200f ) ) )
    {
      client.Multiplayer.JoinRoom( room.Id, null,
        delegate( Connection connection )
        {
          Debug.Log( "Connected to room!" );
          // 메시지를 주고받을 수 있도록 방 접속을 저장한다.
          roomConnection = connection;
        },
        delegate( PlayerIOError error )
        {
          Debug.Log( error.Message );
        } );
    }
  }
}

void OnApplicationQuit()
{
  // 애플리케이션이 종료되면, 접속되어 있는 방의 접속을 끊는다
  // 꼭 필요한 건 아니지만, 좋은 습관이다
  if( roomConnection != null )
    roomConnection.Disconnect();
}
```

방에 접속하면 접속 오브젝트가 얻어진다. 이 오브젝트는 메시지를 송수신해서 방과 상호작용하는 데 이용된다. Send 메소드를 호출해서 메시지를 보낼 수 있고, 메시지를 수신할 메시지 핸들러를 등록할 수 있다.

방 생성

방을 생성하기 위해 호출할 수 있는 메소드에는 CreateRoom과 CreateJoinRoom 두 가지가 있다. CreateRoom 메소드는 원하는 방 이름(랜덤한 방 이름을 원한다면 null)과 방 매개변수(시간 한도, 맵, 비밀번호 등의 방 속성 사전)를 받아들인다. CreateJoinRoom 메소드는 방이 존재할 경우 방에 참여하고 그렇지 않을 경우 새로운 방을 생성하므로, CreateRoom의 속성과 JoinRoom의 속성 양쪽을 모두 받아들인다.

한 가지 주목해야 할 사항은 CreateRoom이 자동으로 접속을 성립시키지 않는다는 것이다. 성공 시에 방 ID 문자열을 반환할 뿐이며, 이것은 이용해서 JoinRoom을 통해 방에 접속한다.

```
void OnGUI()
{
  if( roomConnection != null )
    return;

  if( GUILayout.Button( "Create Room", GUILayout.Width( 200f ) ) )
  {
    // "MyCode"는 서버 사이드 코드 솔루션에서 기본 설정으로 제공되는
    // 방 유형이다
    client.Multiplayer.CreateRoom( null, "MyCode", true, null,
      delegate( string roomID )
      {
        Debug.Log( "Room created" );
        client.Multiplayer.JoinRoom( roomID, null,
        delegate( Connection connection )
        {
          Debug.Log( "Connected to room!" );
          roomConnection = connection;
```

```
      },
      delegate( PlayerIOError error )
      {
        Debug.Log( error.Message );
      } );
    },
    delegate( PlayerIOError error )
    {
      Debug.Log( error.Message );
    } );
}
if( rooms == null )
  return;

foreach( RoomInfo room in rooms )
{
  if( GUILayout.Button( room.Id, GUILayout.Width( 200f ) ) )
  {
    client.Multiplayer.JoinRoom( room.Id, null,
      delegate( Connection connection )
      {
        Debug.Log( "Connected to room!" );
        roomConnection = connection;
      },
      delegate( PlayerIOError error )
      {
        Debug.Log( error.Message );
      } );
  }
}
}
```

그럼, 처음으로 방 생성을 시도해 보자. 성공한다면 해당 방과의 접속을 성립시키고, 해당 접속을 roomConnection에 저장한다.

랜덤 매치메이킹

일종의 랜덤 매치메이킹^{random matchmaking} 기능 역시 구현할 수 있다. 즉, "$service-room$"라는 특수 방 ID를 넣어서 CreateJoinRoom을 호출하면, 소위 '서비스 룸'이란 곳으로 사용자를 접속시킬 수 있다. 서비스 룸이란 랜덤 생성된 ID를 가진 방으로, 기존 서비스 룸이 75퍼센트까지 채워질 때만(이 정도가 되야 사용자들을 이 방에서 저 방으로 이동시킬 여유가 생긴다) 새로운 방이 생성될 것이다. CreateJoinRoom을 사용하면, 클라이언트는 방이 존재할 경우 기존 방에 참여하고, 그렇지 않을 경우 새로운 방을 생성하게 될 것이다.

```
void OnGUI()
{
  if( roomConnection != null )
    return;

  if( GUILayout.Button( "Join Random", GUILayout.Width( 200f ) ) )
  {
    client.Multiplayer.CreateJoinRoom( "$service-room$", "MyCode",
      true, null, null,
      delegate( Connection connection )
      {
        Debug.Log( "Joining room" );
        roomConnection = connection;
      },
      delegate( PlayerIOError error )
      {
        Debug.Log( error.Message );
      } );
  }

  if( GUILayout.Button( "Create Room", GUILayout.Width( 200f ) ) )
  {
    client.Multiplayer.CreateRoom( null, "MyCode", true, null,
      delegate( string roomID )
      {
        Debug.Log( "Room created" );
```

```
        client.Multiplayer.JoinRoom( roomID, null,
          delegate( Connection connection )
          {
            Debug.Log( "Connected to room!" );
            roomConnection = connection;
          },
          delegate( PlayerIOError error )
          {
            Debug.Log( error.Message );
          } );
      },
      delegate( PlayerIOError error )
      {
        Debug.Log( error.Message );
      } );
  }

  if( rooms == null )
    return;

  foreach( RoomInfo room in rooms )
  {
    if( GUILayout.Button( room.Id, GUILayout.Width( 200f ) ) )
    {
      client.Multiplayer.JoinRoom( room.Id, null,
        delegate( Connection connection )
        {
          Debug.Log( "Connected to room!" );
          roomConnection = connection;
        },
        delegate( PlayerIOError error )
        {
          Debug.Log( error.Message );
        } );
    }
  }
}
```

메시지 송수신

일단 방에 접속되면, 해당 접속을 이용해서 메시지를 송수신할 수 있다. 메시지 수신과 아울러 접속 종료를 처리할 이벤트 핸들러를 등록해 보자.

우선, 이와 같은 이벤트들을 처리할 메소드를 추가해 보자.

```
// 방에서 접속이 끊겼을 때 호출된다
void OnDisconnect( object sender, string message )
{
  Debug.Log( "Disconnected from room" );
}
// 메시지가 수신될 때 호출된다
void OnMessage( object sender, Message e )
{
}
```

다음으로 OnGUI를 수정해서 접속 시에 이런 이벤트 핸들러들을 연동해 보자.

```
void OnGUI()
{
  if( roomConnection != null )
    return;

  if( GUILayout.Button( "Join Random", GUILayout.Width( 200f ) ) )
  {
    client.Multiplayer.CreateJoinRoom( "$service-room$", "MyCode",
      true, null, null,
      delegate( Connection connection )
      {
        Debug.Log( "Joining room" );
        roomConnection = connection;
        roomConnection.OnMessage += new
          MessageReceivedEventHandler( OnMessage );
        roomConnection.OnDisconnect += new DisconnectEventHandler
          ( OnDisconnect );
      },
      delegate( PlayerIOError error )
```

```
      {
        Debug.Log( error.Message );
      } );
  }

  if( GUILayout.Button( "Create Room", GUILayout.Width( 200f ) ) )
  {
    client.Multiplayer.CreateRoom( null, "MyCode", true, null,
      delegate( string roomID )
      {
        Debug.Log( "Room created" );
        client.Multiplayer.JoinRoom( roomID, null,
        delegate( Connection connection )
        {
        Debug.Log( "Connected to room!" );
        roomConnection = connection;
        roomConnection.OnMessage += new
          MessageReceivedEventHandler( OnMessage );
        roomConnection.OnDisconnect += new DisconnectEventHandler
          ( OnDisconnect );
        },
        delegate( PlayerIOError error )
        {
          Debug.Log( error.Message );
        } );
      },
      delegate( PlayerIOError error )
      {
        Debug.Log( error.Message );
      } );
  }

  if( rooms == null )
    return;

  foreach( RoomInfo room in rooms )
  {
```

```
        if( GUILayout.Button( room.Id, GUILayout.Width( 200f ) ) )
        {
          client.Multiplayer.JoinRoom( room.Id, null,
            delegate( Connection connection )
            {
            Debug.Log( "Connected to room!" );
            roomConnection = connection;
            roomConnection.OnMessage += new
              MessageReceivedEventHandler( OnMessage );
            roomConnection.OnDisconnect += new DisconnectEventHandler
              ( OnDisconnect );
            },
            delegate( PlayerIOError error )
            {
              Debug.Log( error.Message );
            } );
        }
      }
    }
```

방에서 클라이언트에 메시지를 보내면, OnMessage 함수가 호출될 것이다. 클라이언트가 방에서 접속이 끊어지면, OnDisconnect 함수가 호출될 것이다.

메시지를 보내려면 Connection 오브젝트에 대해 Send 메소드를 호출하기만 하면 된다. 이 메소드는 Message 오브젝트를 받아들이거나 또는 문자열 메시지 타입과 매개변수 목록을 받아들일 수 있다. 대개는 단순히 타입과 매개변수 목록을 제공하는 편이 간단하겠지만, 동일한 타입과 매개변수 목록을 받아들이는 Message.Create를 통해서 Message를 구성할 수도 있고 Add 메소드를 통해서 매개변수를 추가할 수도 있다(예를 들어, 오브젝트에 Message 오브젝트를 제공하고 매개변수를 추가하도록 허용함으로써, 자신의 정보를 직렬화시킬 수 있다).

따라서, 방 안에 있을 때 사용자가 테스트 메시지를 보낼 수 있도록 GUI 함수 상단에 다음과 같이 추가한다.

```
if( roomConnection != null )
{
```

```
  if( GUILayout.Button( "Send Message", GUILayout.Width( 200f ) ) )
  {
    roomConnection.Send( "TestMessage", "Hello, world!" );
  }
  return;
}
```

첫 번째 매개변수는 메시지 타입으로, 메시지 종류를 식별하는 데 활용된다(예를 들어, 'move' 메시지 타입, 'chat' 메시지 타입 등이 있을 수 있다). 다른 모든 매개변수들은 메시지 본체에 추가되는 값들이다(예를 들어, 이동 메시지에는 X, Y, Z 위치 값이 포함될 수 있으며, 채팅 메시지에는 단일 문자열 메시지 등이 포함될 수 있다).

서버 사이드 코드

서버 코드는 약간 다른 방식으로 메시지를 처리한다. 플레이어가 보낸 메시지를 처리하는 함수는 하나지만(GotMessage), 플레이어에게 메시지를 보낼 때는 BroadcastMessage(전체 플레이어에게 메시지를 브로드캐스트한다)를 호출할 수도 있고, 특정 플레이어 대상으로 Send(해당 플레이어에게만 보낸다)를 호출할 수도 있다. Player.IO 서버는 멀티스레드이기 때문에, 코드를 작성할 때는 스레드 안전성이 보장되도록 주의를 기울여야 한다. 반면 클라이언트 API는 멀티스레드가 아니다.

포함된 서버 코드에 있는 기본 GotMessage 함수는 다음과 같다.

```
// 이 메소드는 플레이어가 서버 코드로 메시지를 보낼 때 호출된다
public override void GotMessage( Player player, Message message )
{
  switch( message.Type )
  {
    // 플레이어가 "MyNameIs" 메시지 안에
    // 자신의 이름을 넣어서 송신할 때
    // 플레이어 이름을 설정하는 방법이다
    case "MyNameIs":
      player.Name = message.GetString( 0 );
      break;
  }
}
```

특정 메시지 타입을 처리하고 싶다면, 앞에서 다룬 바와 같이 switch-case 문에서 각 메시지 유형에 대해 case를 사용하면 될 것이다. 그러므로 TestMessage 타입 메시지에 대해서는 다음과 같이 응답하게 될 것이다.

```
// 이 메소드는 플레이어가 서버 코드로 메시지를 보낼 때 호출된다
public override void GotMessage( Player player, Message message )
{
  switch( message.Type )
  {
    // 플레이어가 "MyNameIs" 메시지 안에
    // 자신의 이름을 넣어서 송신할 때
    // 플레이어 이름을 설정하는 방법이다
    case "MyNameIs":
      player.Name = message.GetString( 0 );
      break;
    case "TestMessage":
      player.Send( "TestResponse", message.GetString( 0 ) );
      break;
  }
}
```

플레이어가 TestMessage 타입 메시지를 보낼 경우, 서버는 TestResponse 타입 메시지로 응답하는데, 이 타입의 메시지에는 플레이어가 보낸 TestMessage 타입 메시지의 첫 번째 문자열 값이 포함되어 있다.

BigDB 이용

Player.IO는 BigDB라고 불리는 데이터베이스 서비스를 제공한다. 오브젝트는 BigDB에 저장됐다가 BigDB로부터 로드될 수 있으며, 플랫폼 데이터베이스 항목의 '소유권' 개념까지 존재한다(예를 들어, 플레이어가 자신의 DB 항목만 수정하도록 설정할 수 있다).

서버와 클라이언트 모두 BigDB에 접근할 수 있다. 개발 서버는 플레이어와 동일한 접근 권한을 가지고 있다는 점에 유의한다. 따라서 플레이어의 접근 권한을 제한하면 개발자 접근 권한까지 제한될 수 있다.

BigDB는 로컬 개발 서버가 아닌 Player.IO 서버에 저장된다는 점에 유의한다. 데이터
는 웹사이트의 관리자 패널을 통해 조회할 수 있다. 이러한 데이터는 게임 단위로 저장
된다(즉, 다른 게임의 데이터에는 접근할 수 없다). 또한 Player.IO에서는 어떤 데이터
도 암호화되지 않는다는 점에 유의해야 한다. 따라서 대부분의 전통적인 데이터베이스
시스템과 마찬가지로, 일반 텍스트로 비밀번호를 저장하는 것은 바람직하지 않다.

BigDB는 내장 플레이어 오브젝트 테이블도 가지고 있다. 이것은 플레이어에 속하는
데이터를 저장할 때 사용되며, LoadMyPlayerObject를 이용해서 자신의 플레이어 오
브젝트를 꺼낼 수 있다.

```
DatabaseObject playerObj;

void Start()
{
  PlayerIO.UnityInit( this );

  PlayerIO.Connect( "YourGameIDHere", "public", "YourUserIDHere",
    null, null,
  delegate( Client c )
  {
    // 접속 성공
    client = c;
    Debug.Log( "Connected" );

    // 플레이어 오브젝트를 로드한다
    client.BigDB.LoadMyPlayerObject(
    delegate( DatabaseObject obj )
    {
      playerObj = obj;

      Debug.Log( "Player object loaded" );
    },
    delegate( PlayerIOError error )
    {
      Debug.Log( error.Message );
```

```
    } );

    // 개발 서버를 이용하고 있다면, 로컬 IP에 접속한다
    if( UseDevServer )
    {
      client.Multiplayer.DevelopmentServer = new ServerEndpoint
        ( "127.0.0.1", 8184 );

      GetRoomList();
    }
  },
  delegate( PlayerIOError error )
  {
    // 접속실패
    Debug.Log( error.Message );
  } );
}
```

이 스크립트로 DatabaseObject 인스턴스가 만들어진다. DatabaseObject 인스턴스가
있으면 키와 값을 제공해서 Set 메소드로 속성을 설정할 수 있다. 값은 다음 중 한 가
지 형식이 될 수 있다.

- 불Boolean
- 바이트 배열
- 더블Double
- 부동소수
- 정수
- 롱Long
- 부호없는 정수
- System.DateTime
- DatabaseObject
- DatabaseArray

데이터베이스 오브젝트는 크기가 500kb로 제한된다는 점에 유의한다.

DatabaseArrays 인스턴스는 데이터가 문자열 키가 아닌 순차적 인덱스로 저장되어 있다는 점만 제외하면 DatabaseObjects와 유사하다. 또한 DatabaseObjects와 DatabaseArrays를 중첩하는 것도 가능하므로, 플레이어 오브젝트에 대한 인스턴스의 경우, 플레이어가 소유한 아이템 배열을 DatabaseObjects로 보관하고 있는 데이터베이스 배열을 가질 수 있다.

```
Saving a DatabaseObject instance looks like this:
if( GUILayout.Button( "Save Test Player Object", GUILayout.Width
  ( 200f ) ) )
{
  playerObj.Set( "TestProperty", "someValue" );
  playerObj.Save(
  delegate()
  {
    Debug.Log( "Player object saved" );
  },
  delegate( PlayerIOError error )
  {
    Debug.Log( error.Message );
  } );
}
```

LoadMyPlayerObject 외에 Load, LoadOrCreate(오브젝트가 존재하지 않을 경우 새로 생성), LoadKeysOrCreate, LoadRange('인덱스'를 이용해서 데이터베이스 오브젝트 목록을 얻을 수 있는데, 이런 기능은 점수 인덱스를 만들어서 순위표를 구현하는 데 활용될 수 있다) 같은 몇 가지 다른 메소드를 사용할 수도 있다.

추가적인 정보가 궁금하면, https://gamesnet.yahoo.net/features/bigdb/에서 BigDB 문서를 살펴보기 바란다.

간단한 RTS 프로토타입 제작

Player.IO에 대해서 배운 지식과 이전 장에서 배운 개념들을 응용해서, 간단한 RTS 스타일 게임을 만들어 보자.

플레이어는 5개의 봇을 소유하게 될 것이다. 각각의 봇에게는 이동하거나 다른 봇을 공격하라는 명령을 내릴 수 있으며, 죽거나 사라진 봇의 숫자가 기록된다(순위표 구성을 위해 데이터베이스에 보존된다).

5개의 봇을 모두 잃어버리면, 플레이어는 게임에서 아웃되어 메인 메뉴로 이동된다.

서버 사이드 코드

서버 코드를 다음과 같이 수정하는 것부터 시작한다.

```
using System;
using System.Collections.Generic;
using System.Text;
using System.Collections;
using PlayerIO.GameLibrary;
using System.Drawing;

namespace BotWarsGame
{
  public class Player : BasePlayer
  {
    public string Name;
  }

  // 이 속성은 방 유형을 식별하는 데 사용된다
  // 방을 시작할 때, 방 유형을 지정할 수 있는데
  // - 방 유형이 이 값에 대응된다
  // Game 클래스는 방 코드의 기반 클래스임에 유의한다
  // - 플레이어에 사용할 유형인 Type을 받아들인다
  [RoomType( "GameRoom" )]
  public class GameCode : Game<Player>
  {
```

```csharp
// 이 메소드는 우리의 게임 인스턴스가 생성될 때 호출된다
public override void GameStarted()
{
}


// 이 메소드는 마지막 플레이어가 방을 떠나서
// 방이 종료될 때 호출된다
public override void GameClosed()
{
}

// 이 메소드는 플레이어가 방에 참여할 때마다 호출된다
public override void UserJoined( Player player )
{
  player.Name = player.JoinData[ "Name" ];

  // 플레이어에게 그들 자신의 ID를 보낸다
  player.Send( "SetID", player.Id );

  // 이 사용자가 참여했다고 모두에게 알린다
  Broadcast( "UserJoined", player.Id, player.Name );

  // 사용자에게 방에 있는 다른 모든 플레이어들을 알려준다
  foreach( Player p in Players )
  {
    if( p == player )
      continue;

    player.Send( "UserJoined", player.Id, player.Name );
  }
}

// 이 메소드는 플레이어가 방을 떠날 때 호출된다
public override void UserLeft( Player player )
{
  Broadcast( "UserLeft", player.Id );
}
```

```csharp
    // 이 메소드는 플레이어가 서버 코드로
    // 메시지를 보낼 때 호출된다
    public override void GotMessage( Player player, Message message )
    {
    }
  }
}
```

이것이 앞으로 바탕이 될 기반 클래스다. 현재는 참여 데이터에서 받은 사용자 이름을 저장하고, 플레이어 ID를 전송해서 사용자의 존재를 다른 플레이어에게 알리는 것 외에는 별다른 역할을 하지 않는다.

또한 다음 코드를 이용해서 봇을 나타내는 클래스를 만든다.

```csharp
using System;
using System.Collections.Generic;
using System.Linq;
using System.Text;

namespace BotWarsGame
{
  public class Bot
  {
    public ulong BotID;
    public int OwnerID;

    public float PositionX = 0f;
    public float PositionY = 0f;

    public int Health = 100;

    public Bot( Player owner, ulong botID )
    {
      this.OwnerID = owner.Id;
      this.BotID = botID;
    }
  }
}
```

이 코드에서는 봇에 대한 ID가 생성되지 않는다는 점을 알 수 있다. 앞으로 서버 개입 없이 클라이언트 사이드에서 즉각적으로 오브젝트를 생성하는 방법에 대해 배우게 될 것이다. 여기에 클라이언트에서 고유 오브젝트 ID를 생성하는 방법이 포함될 것이다. 이에 대한 세부 사항은 차후에 알아보고 당분간은 계속 서버 코드를 활용하자.

플레이어가 봇 목록을 소유할 수 있도록 Player 클래스를 수정해 보자.

```
public class Player : BasePlayer
{
  public string Name;

  // 이 플레이어가 소유한 봇
  public List<Bot> OwnedBots = new List<Bot>();
}
```

그리고 플레이어의 봇을 등장시키는 메시지를 처리한다.

```
// 이 메소드는 플레이어가 서버 코드로 메시지를 전송할 때 호출된다
Dictionary<ulong,Bot> bots = new Dictionary<ulong,Bot>();
public override void GotMessage( Player player, Message message )
{
  switch( message.Type )
  {
    case "SpawnBot":
    {
      // 플레이어가 봇을 등장시킨다
      ulong botID = message.GetULong( 0 );
      float botPosX = message.GetFloat( 1 );
      float botPosY = message.GetFloat( 2 );
      Bot bot = new Bot( player, botID );
      bot.PositionX = botPosX;
      bot.PositionY = botPosY;
      player.OwnedBots.Add( bot );

      // 나중에 ID로 봇을 찾을 수 있도록 사전에 추가한다
      bots.Add( botID, bot );
```

```
    // 등장 메시지를 다른 플레이어들에게 브로드캐스트한다
    foreach( Player pl in Players )
    {
      if( pl == player )
        continue;
      pl.Send( "OnBotSpawned", pl.Id, botID, botPosX, botPosY );
    }
  }
    break;
  }
}
```

이에 따라, 클라이언트 사이드에서 플레이어가 봇을 등장시키고 SpawnBot 메시지를
서버에 보낼 것이다. 서버는 이 메소드를 처리해서 플레이어가 소유한 봇 목록에 새
로운 봇을 추가하고 다른 모든 이들에게 봇이 등장했다고 알려준다.

추가로 새로운 플레이어에게 현재 등장되어 있는 모든 봇에 대해 알려줘야 하며, 이
를 UserJoined에서 처리한다.

```
// 이 메시지는 플레이어가 게임에 참여할 때마다 호출된다
public override void UserJoined( Player player )
{
  player.Name = player.JoinData[ "Name" ];
  // 플레이어에게 그들 자신의 ID를 보낸다
  player.Send( "SetID", player.Id );
  // 이 사용자가 참여했다고 모두에게 알린다
  Broadcast( "UserJoined", player.Id, player.Name );
  // 사용자에게 방의 다른 모든 플레이어들과
  // 그들의 봇에 대해 알려준다
  foreach( Player p in Players )
  {
    if( p == player )
      continue;

    player.Send( "UserJoined", player.Id, player.Name );
    // 새로운 플레이어에게 기존 봇에 대해 알려준다
    foreach( Bot bot in p.OwnedBots )
```

```
    {
      player.Send( "OnBotSpawned", p.Id, bot.BotID, bot.PositionX,
        bot.PositionY );
    }
  }
}
```

플레이어가 자신의 봇을 제어하게 되므로(클라이언트 권한 집중형), 봇을 움직이는 플레이어가 보내는 업데이트 메시지를 받아들여야 한다.

```
// 이 메소드는 플레이어가 서버 코드로 메시지를 보낼 때 호출된다
public override void GotMessage( Player player, Message message )
{
  switch( message.Type )
  {
    case "SpawnBot":
    {
      // 플레이어가 봇을 등장시킨다
      ulong botID = message.GetULong( 0 );
      float botPosX = message.GetFloat( 1 );
      float botPosY = message.GetFloat( 2 );
      Bot bot = new Bot( player, botID );
      bot.PositionX = botPosX;
      bot.PositionY = botPosY;
      player.OwnedBots.Add( bot );
      // 등장 메시지를 다른 플레이어들에게 브로드캐스트한다
      foreach( Player pl in Players )
      {
        if( pl == player )
          continue;
        pl.Send( "OnBotSpawned", pl.Id, botID, botPosX, botPosY );
      }
    }
      break;
    case "UpdateBot":
    {
      // 플레이어 봇 중 하나를 갱신한다
```

```
      ulong botID = message.GetULong( 0 );
      float botPosX = message.GetFloat( 1 );
      float botPosY = message.GetFloat( 2 );
      if( bots.ContainsKey( botID ) )
      {
        Bot bot = bots[ botID ];
        bot.PositionX = botPosX;
        bot.PositionY = botPosY;
      }
    }
      break;
  }
}
```

그리고 한 유닛이 다른 유닛을 공격할 때를 대비해서 데미지 메시지를 처리해야 한다.

```
// 이 메소드는 플레이어가 서버 코드로 메시지를 전송할 때 호출된다
public override void GotMessage( Player player, Message message )
{
  switch( message.Type )
  {
  case "SpawnBot":
    {
      // 플레이어가 봇을 등장시킨다
      ulong botID = message.GetULong( 0 );
      float botPosX = message.GetFloat( 1 );
      float botPosY = message.GetFloat( 2 );
      Bot bot = new Bot( player, botID );
      bot.PositionX = botPosX;
      bot.PositionY = botPosY;
      player.OwnedBots.Add( bot );
      bots.Add( bot.BotID, bot );

      // 등장 메시지를 다른 플레이어들에게 브로드캐스트한다
      foreach( Player pl in Players )
      {
        if( pl == player )
```

```
          continue;
     pl.Send( "OnBotSpawned", pl.Id, botID, botPosX, botPosY );
    }
}
  break;
case "UpdateBot":
{
  // 플레이어 봇 중 하나를 갱신한다
  ulong botID = message.GetULong( 0 );
  float botPosX = message.GetFloat( 1 );
  float botPosY = message.GetFloat( 2 );

  if( bots.ContainsKey( botID ) )
  {
    Bot bot = bots[ botID ];
    bot.PositionX = botPosX;
    bot.PositionY = botPosY;
  }
}
  break;
case "TakeDamage":
{
  // 한 봇이 다른 봇에게 데미지를 입혔다
  ulong destBotID = message.GetULong( 0 );

  if( bots.ContainsKey( destBotID ) )
  {
    Bot destBot = bots[ destBotID ];
    destBot.Health -= 10;

    // 봇이 죽었는지 체크한다
    if( destBot.Health <= 0 )
    {
      // 봇을 월드에서 제거한다
      foreach( Player pl in Players )
      {
        if( pl.Id == destBot.OwnerID
```

```
                { pl.OwnedBots.Remove( destBot );
                  break;
                }
            }
            bots.Remove( destBot.BotID );

            // 사망 메시지를 브로드캐스트한다
            Broadcast( "BotDied", destBot.BotID );

            // 데미지 메시지를 보내는 플레이어에게
            // 킬 성공 메시지를 보낸다
            player.Send( "GotKill" );
          }
          else
{
// 피해 측에 새로운 체력치를 보낸다
foreach( Player pl in Players )
{
  if( pl.Id == destBot.OwnerID )
  {
    pl.Send( "TookDamage", destBot.BotID, destBot.Health );
    break;
  }
}
}
}
          }
        }
          break;
      }
}
```

그리고, 현재 생존해 있는 모든 봇의 상태를 주기적으로 브로드캐스트해야 한다.
Player.IO는 상당히 대역폭이 작으므로, 이를 초당 5회 처리한다(반사 신경을 요하는 게임에서는 보통 초당 10회에서 20회 사이로 브로드캐스트한다).

이를 위해서 GameStarted 안에서 타이머와 연동하려고 한다.

```
// 이 메소드는 게임의 인스턴스가 생성될 때 호출된다
public override void GameStarted()
{
    // 게임 상태를 초당 5회 브로드캐스트한다
    AddTimer(
        delegate()
        {
            foreach( Player player in Players )
            {
                foreach( Bot bot in player.OwnedBots )
                {

                    // 봇의 상태(위치와 체력)를 브로드캐스트한다
                    foreach( Player target in Players )
                    {
                        if( target != player )
                        Broadcast( "UpdateBot", bot.BotID, bot.PositionX,
                            bot.PositionY, bot.Health );
                    }        }
                }
            }
        }, 200 );
}
```

그리고 마지막으로, 플레이어의 봇이 모두 죽으면 해당 플레이어를 게임에서 아웃시킨다. 이를 위해 TakeDamage 메시지를 다음과 같이 수정한다.

```
case "TakeDamage":
{
    // 한 봇이 다른 봇에게 피해를 입혔다
    ulong destBotID = message.GetULong( 0 );
    if( bots.ContainsKey( destBotID ) )
    {
        Bot destBot = bots[ destBotID ];
        destBot.Health -= 10;
        // 봇이 죽었는지 체크한다
        if( destBot.Health <= 0 )
        {
```

```
          // 봇을 월드에서 제거한다
          foreach( Player pl in Players )
          {
            if( pl.Id == destBot.OwnerID )
            {
              pl.OwnedBots.Remove( destBot );

              // 플레이어의 봇이 다 떨어졌는가?
              if( pl.OwnedBots.Count == 0 )
              {
                // 그들을 게임에서 아웃시킨다
                pl.Disconnect();
              }
              break;
            }
          }
          bots.Remove( destBot.BotID );
          // 사망 메시지를 브로드캐스트한다
          Broadcast( "BotDied", destBot.BotID );
          // 데미지 메시지를 보내는 플레이어에게
          // 킬 성공 메시지를 보낸다
          player.Send( "GotKill" );
        }
        else
        {
          // 피해 측에 새로운 체력치를 보낸다
          foreach( Player pl in Players )
          {
            if( pl.Id == destBot.OwnerID )
            {
              pl.Send( "TookDamage", destBot.BotID, destBot.Health );
              break;
            }
          }
        }
      }
    }
  }
  break;
```

이로써 서버 사이드 코드를 끝마쳤다. 이제 클라이언트 사이드 작업을 시작해 보자.

클라이언트 사이드 코드

우리 게임에는 두 개의 씬이 있다. 첫 번째 씬에서 플레이어는 이름을 선택할 수 있고, 자신의 통계를 볼 수 있으며, 랜덤 방에 참여할 수 있다. 두 번째 씬은 게임플레이에 이용된다.

우선 그 무엇보다 클라이언트와 접속을 저장할 장소가 필요할 것이다. 이를 위해 정적 변수를 가진 클래스를 생성해 보자.

```
using UnityEngine;
using System.Collections.Generic;

using PlayerIOClient;

public class NetworkUtils : MonoBehaviour
{
  public static Client client;
  public static Connection connection;
  public static DatabaseObject playerObject;
  public static int localPlayerID;
  public static Dictionary<int, string> PlayersInRoom = new
    Dictionary<int, string>();
}
```

이제 Connect 스크립트에서 이 값들을 설정할 수 있고, 나중에 손쉽게 꺼낼 수 있다.

그 다음으로 추가해야 할 것은 Connect 스크립트로, 이 스크립트는 Player.IO에 접속하고, 클라이언트를 저장하며, 플레이어 오브젝트를 로드하고 저장한다. 그리고 플레이어 통계(죽은 봇, 사라진 봇)를 표시하며, 랜덤 방에 추가로 참여하고 게임플레이 씬을 로드한다.

```
using UnityEngine;
using System.Collections;
```

```
using System.Collections.Generic;

using PlayerIOClient;

public class ConnectScreen : MonoBehaviour
{
  string playerName = "Player";

  bool connecting = true;

  int botsKilled = 0;
  int botsLost = 0;
  void Connect()
  {
    // Player.IO가 동작하기 위해서는 씬에 monobehavior가 필요하지만,
    // 어떤 monobehavior라도 무방하므로
    // 그 위에 NetworkUtils 컴포넌트를 추가할 것이다
    if( GameObject.Find( "_playerIO" ) == null )
    {
      GameObject go = new GameObject( "_playerIO" );
      go.AddComponent<NetworkUtils>();
      DontDestroyOnLoad( go );
      PlayerIO.UnityInit( go.GetComponent<NetworkUtils>() );
    }

    PlayerIO.Connect( "YourGameIDHere", "public", playerName,
      null, null,
      delegate( Client client )
      {
        Debug.Log( "Connected" );

        // 나중에 꺼낼 수 있도록 클라이언트를 저장한다
        NetworkUtils.client = client;

        // 플레이어 오브젝트를 로드한다
        client.BigDB.LoadMyPlayerObject(
          delegate( DatabaseObject playerObj )
```

```
        {
            // 나중에 꺼낼 수 있도록 플레이어 오브젝트를 저장한다
            NetworkUtils.playerObject = playerObj;

            // 플레이어 오브젝트에서 통계를 읽어들인다
            botsKilled = playerObj.GetInt( "Kills", 0 );
            botsLost = playerObj.GetInt( "Deaths", 0 );
        },
        delegate( PlayerIOError error )
        {
            Debug.Log( "Failed loading player object: " + error.Message );
        } );
    },
    delegate( PlayerIOError error )
    {
        Debug.Log( "Failed to connect: " + error.Message );
    } );
}


void JoinRoom()
{
    NetworkUtils.client.Multiplayer.CreateJoinRoom( "$serviceroom$",
        "GameRoom", true, null,
        new Dictionary<string, string> { },
        delegate( Connection connection )
        {
            Debug.Log( "Connected to room" );
            NetworkUtils.connection = connection;

            // 게임플레이 씬을 로드한다
            Application.LoadLevel( "GameplayScene" );
        },
        delegate( PlayerIOError error )
        {
            Debug.Log( "Failed to join room: " + error.Message );
        } );
}
```

```
void OnGUI()
{
  if( !connecting )
  {
    if( NetworkUtils.playerObject != null )
    {
      GUILayout.Label( "Enemy Bots Destroyed: " + botsKilled );
      GUILayout.Label( "Bots Lost: " + botsLost );
      if( GUILayout.Button( "Play", GUILayout.Width( 100f ) ) )
      {
        // 랜덤 방에 참여한다
        JoinRoom();
      }
    }
    else
    {
      playerName = GUILayout.TextField( playerName,
        GUILayout.Width( 200f ) );
      if( GUILayout.Button( "Connect", GUILayout.Width( 100f ) ) )
      {
        Connect();
      }
    }
  }
  else
  {
    GUILayout.Label( "Connecting..." );
  }
}
```

이 코드는 플레이어가 Player.IO에 접속하기 위해 자신의 이름을 입력하는 씬을 표시한다. 접속이 이루어지면 플레이어 통계가 표시되고, 플레이어는 'Play'를 클릭해서 서비스 룸에 참여할 수 있다. 방에 접속한 후에는, 'GameplayScene'이 로드된다. 이 씬을 생성해서 여기에 게임플레이 스크립트를 추가해야 한다.

우선, 들어오는 메시지를 처리할 스크립트르 작성한다.

```csharp
using UnityEngine;
using System.Collections;

public class MessageHandler : MonoBehaviour
{
  void OnEnable()
  {
    NetworkUtils.connection.OnMessage += connection_OnMessage;
    NetworkUtils.connection.OnDisconnect += connection_OnDisconnect;
  }

  // 추가로 이벤트 핸들러의 접속을 끊을 것이다
  // 꼭 필요한 건 아니지만,  언제나 좋은 습관이다
  void OnDisable()
  {
    NetworkUtils.connection.OnMessage -= connection_OnMessage;
    NetworkUtils.connection.OnDisconnect -= connection_OnDisconnect;
  }

  void connection_OnDisconnect( object sender, string message )
  {
    Debug.Log( "Disconnected from server" );
    NetworkUtils.connection = null;

    // 플레이어 오브젝트를 저장한다
    NetworkUtils.playerObject.Save();
    // 메인 메뉴로 돌아간다
    Application.LoadLevel( "MainMenu" );
  }

  void connection_OnMessage( object sender, PlayerIOClient.Message e )
  {
    // 들어오는 메시지를 처리한다
  }
}
```

서버에서 우리에게 보내는 모든 메시지들은 connection_OnMessage 함수를 트리거할 것이다. 추가로, 클라이언트가 서버와 접속이 끊어지면, 게임은 Connection 오브젝트를 소멸시키고 플레이어 오브젝트를 저장한 다음, 메인 씬을 로드할 것이다.

다음으로, 언제든지 봇의 소유자를 알 수 있도록, 봇의 소유자 ID와 인스턴스 ID를 관리하는 컴포넌트를 생성해 보자.

```
using UnityEngine;
using System.Collections;
using System.Collections.Generic;

public class BotInfo : MonoBehaviour
{
  // botID -> 봇 대응
  public static Dictionary<ulong,BotInfo> botMap =
    new Dictionary<ulong,BotInfo>();

  // 이 봇을 소유한 플레이어
  public int OwnerID;

  // 이 봇의 ID
  public ulong BotID;

  // 이 봇이 로컬 플레이어에게 소속되어 있는지의 여부
  public bool IsMine
  {
    get
    {
      return OwnerID == NetworkUtils.localPlayerID;
    }
  }

  public void Register()
  {
    botMap.Add( this.BotID, this );
  }
```

```
void OnDestroy()
{
  botMap.Remove( this.BotID );
}

float timer = 0f;
void Update()
{
  if( IsMine )
  {
    timer += Time.deltaTime;
    if( timer >= 0.1f )
    {
      // 업데이트 메시지를 서버에 보낸다
      NetworkUtils.connection.Send( "UpdateBot", BotID,
        transform.position.x, transform.position.z );
    }
  }
}
}
```

봇이 등장하면, 그것의 OwnerID와 BotID를 설정한 다음 Register를 호출한다. Register는 나중에 ID로 봇을 찾을 수 있도록 봇을 사전에 추가한다. 소멸되는 봇은 사전에서 제거된다.

다음으로, 몇 가지 메시지 타입을 처리해 보자.

```
void connection_OnMessage( object sender, PlayerIOClient.Message e )
{
  // 들어오는 메시지를 처리한다
  switch( e.Type )
  {
    // 서버에서 우리의 ID를 보냈다
    case "SetID":
      NetworkUtils.localPlayerID = e.GetInt( 0 );
      break;
    // 방의 플레이어 목록에 플레이어를 추가한다
```

```
      case "UserJoined":
        NetworkUtils.PlayersInRoom.Add( e.GetInt( 0 ), e.GetString( 1 ) );
        break;
      // 플레이어 목록에서 플레이어를 제거한다
      case "UserLeft":
        NetworkUtils.PlayersInRoom.Remove( e.GetInt( 0 ) );
        // 이 플레이어의 봇을 제거한다
        foreach( ulong botID in BotInfo.botMap.Keys )
        {
          Destroy( BotInfo.botMap[ botID ].gameObject );
        }
        break;
      // 봇을 등장시킨다
      case "OnBotSpawned":
        break;
      // 봇을 갱신한다
      case "UpdateBot":
        break;
      // 봇을 소멸시킨다
      case "BotDied":
        break;
      // 로컬 플레이어가 봇을 죽였다
      case "GotKill":
        break;
      // 로컬 플레이어의 봇 중 하나가 데미지를 입었다
      case "TookDamage":
        break;
    }
}
```

현재, 이 핸들러는 우리의 ID(이것은 NetworkUtils에 저장되어 있는데, 어떤 봇이 우리 것인지 파악하는 데 중요하다)를 전송하는 서버와 참여하거나(ID로 플레이어 이름을 찾을 수 있도록 사용자 이름은 사전에 저장된다) 떠나는 사용자를 처리한다. 또한 향후 추가될 게임플레이 관련 메시지를 위한 부분까지 포함되어 있다.

public GameObject BotPrefab;

```csharp
void connection_OnMessage( object sender, PlayerIOClient.Message e )
{
  // 들어오는 메시지를 처리한다
  switch( e.Type )
  {
    // 서버가 우리의 ID를 보냈다
    case "SetID":
      NetworkUtils.localPlayerID = e.GetInt( 0 );
      break;
    // 방의 플레이어 목록에 플레이어를 추가한다
    case "UserJoined":
      NetworkUtils.PlayersInRoom.Add( e.GetInt( 0 ), e.GetString( 1 ) );
      break;
    // 플레이어 목록에서 플레이어를 제거한다
    case "UserLeft":
      NetworkUtils.PlayersInRoom.Remove( e.GetInt( 0 ) );
      // 이 플레이어의 봇을 제거한다
      foreach( ulong botID in BotInfo.botMap.Keys )
      {
        Destroy( BotInfo.botMap[ botID ].gameObject );
      }
      break;
    // 봇을 등장시킨다
    case "OnBotSpawned":
      int spawnedBotOwnerID = e.GetInt( 0 );
      ulong spawnedBotID = e.GetULong( 1 );
      float spawnedBotPosX = e.GetFloat( 2 );
      float spawnedBotPosY = e.GetFloat( 3 );

      GameObject bot = (GameObject)Instantiate( BotPrefab, new
        Vector3( spawnedBotPosX, 0f, spawnedBotPosY ), Quaternion.
          identity );
      bot.GetComponent<BotInfo>().OwnerID = spawnedBotOwnerID;
      bot.GetComponent<BotInfo>().BotID = spawnedBotID;
      bot.GetComponent<BotInfo>().Register();
      break;
    // 봇을 갱신한다
```

```
case "UpdateBot":
  ulong updateBotID = e.GetULong( 0 );
  float updatePosX = e.GetFloat( 1 );
  float updatePosY = e.GetFloat( 2 );
  int updateBotHealth = e.GetInt( 3 );

  BotInfo updateBot = BotInfo.botMap[ updateBotID ];
  updateBot.transform.position = new Vector3( updatePosX, 0f,
    updatePosY );
  updateBot.SendMessage( "SetHealth", updateBotHealth,
    SendMessageOptions.DontRequireReceiver );
  break;
// 봇을 소멸시킨다
case "BotDied":
  // 봇을 죽인다
  ulong killedBotID = e.GetULong( 0 );
  BotInfo killedBot = BotInfo.botMap[ killedBotID ];
  if( killedBot.IsMine )
  {
    // 사라진 봇의 숫자를 증가시킨다
    NetworkUtils.playerObject.Set( "Deaths",
      NetworkUtils.playerObject.GetInt( "Deaths" ) + 1 );
  }

  // 봇 오브젝트를 소멸시킨다
  GameObject.Destroy( killedBot );
  break;
// 로컬 플레이어가 봇을 죽였다
case "GotKill":
  // 킬 수를 증가시킨다
  NetworkUtils.playerObject.Set( "Kills",
    NetworkUtils.playerObject.GetInt( "Kills" ) + 1 );
  break;
// 로컬 플레이어의 봇 중 하나가 데미지를 입었다
case "TookDamage":
  Debug.Log( "Taking damage!" );
  break;
```

```
    }
}
```

이 코드는 대부분 알기 쉽다. Spawn Bot 메시지는 봇 프리팹을 인스턴스화하고 네트
워크 ID를 할당하며, 업데이트와 사망 메시지는 ID로 해당 봇을 찾은 다음, 메소드를
호출하거나 속성을 설정하고, GotKill은 킬 수를 증가시킨다. 이 시점에서 대부분의
코드는 굳이 설명하지 않아도 될 것이다.

다음으로, 봇을 위한 스크립트를 작성해 보자. 이 스크립트를 통해 왼쪽 클릭으로 하
나의 봇을 선택하고, 오른쪽 클릭으로 봇에게 명령을 내릴 수 있다. 지면을 클릭하면,
봇은 해당 지점으로 이동할 것이다. 그 외에, 우리가 소유하지 않은 다른 봇을 클릭하
면, 우리 봇이 다가가서 해당 봇을 공격할 것이다(데미지 메시지를 보낸다).

```
using UnityEngine;
using System.Collections;

public class BotScript : MonoBehaviour
{
    public static BotScript SelectedBot;

    private Vector3 targetMovePos;
    private BotInfo targetEnemy;

    private float attackTimer = 0f;

    void Awake()
    {
        targetMovePos = Vector3.zero;
    }

    void Update()
    {
        // 마우스 왼쪽 버튼이 눌러졌는가?
        if( Input.GetMouseButtonDown( 0 ) )
        {
            // 레이캐스트
```

```
    RaycastHit hit;
    if( Physics.Raycast( Camera.main.ScreenPointToRay( Input.
      mousePosition ), out hit ) )
    {
      BotInfo hitBot = hit.collider.GetComponent<BotInfo>();
      if( hitBot != null && hitBot.IsMine )
      {
        // 봇을 선택한다
        SelectedBot = hitBot.GetComponent<BotScript>();
      }
    }
  }
}

if( !GetComponent<BotInfo>().IsMine )
  return;

// 현재 목표물이 null이 아니라면 그쪽으로 이동해서 공격한다
if( targetEnemy != null )
{
  moveTowards( targetEnemy.transform.position, 2f );
  targetMovePos = transform.position;

  // 목표물에 충분히 가깝다면 공격한다
  if( Vector3.Distance( transform.position,
    targetEnemy.transform.position ) <= 2f )
  {
    attackTimer += Time.deltaTime;
    if( attackTimer >= 1f )
    {
      attackTimer = 0f;
      // 데미지 메시지를 보낸다
      NetworkUtils.connection.Send( "TakeDamage",
        targetEnemy.BotID );
    }
  }
}
else
```

```
    {
      moveTowards( targetMovePos, 0.5f );
    }

    if( SelectedBot != this )
      return;

    // 마우스 오른쪽 버튼이 눌러졌는가?
    if( Input.GetMouseButtonDown( 1 ) )
    {
      // 레이캐스트
      RaycastHit hit;
      if( Physics.Raycast( Camera.main.ScreenPointToRay( Input.
        mousePosition ), out hit ) )
      {
        BotInfo hitBot = hit.collider.GetComponent<BotInfo>();
        if( hitBot != null && !hitBot.IsMine )
        {
          // 선택된 봇을 목표로 만든다
          targetEnemy = hitBot;
        }
        else if( hitBot == null )
        {
          // 위치로 이동한다
          targetMovePos = hit.point;
        }
      }
    }
  }

  // 목표물에서 일정한 거리 안으로 이동한다
  void moveTowards( Vector3 pos, float range )
  {
    if( Vector3.Distance( transform.position, pos ) > range )
    {
      // 목표를 향해 초당 5미터씩 이동한다
      transform.position = Vector3.MoveTowards( transform.position,
```

```
      pos, Time.deltaTime * 5f );
    }
  }
}
```

이 스크립트를 BotInfo 컴포넌트와 함께 정육면체에 추가하고 프리팹으로 저장한다.

다음으로, 미리 지정된 5개의 등장 지점에서 봇을 등장시킬 것이다. 학습 목적에 의해 우리 게임은 클라이언트 권한 집중형이 될 것이며, 이 모델에는 오브젝트 ID의 생성이 수반된다. 여기서는 플레이어 ID(4바이트가 플레이어 ID이며, 나머지 4바이트는 증가하는 카운터일 뿐이다)를 기반으로 ID를 생성하는데, 이 때문에 봇 ID에 부호 없는 long형을 사용한 것이다. 플레이어 ID는 각 플레이어마다 고유하기 때문에, 네트워크상에서 고유한 클라이언트 사이드 ID를 곧바로 손쉽게 생성할 수 있다.

```
using UnityEngine;
using System.Collections;

public class SpawnBots : MonoBehaviour
{
  public GameObject BotPrefab;

  public Transform[] SpawnPoints;

  private int lastGeneratedBotID = 0;

  IEnumerator Start()
  {
    // 3초의 준비 시간
    yield return new WaitForSeconds( 3f );

    foreach( Transform spawn in SpawnPoints )
    {
      ulong botID = AllocateBotID();

      GameObject bot = (GameObject)Instantiate( BotPrefab, new
        Vector3( spawn.position.x, 0f, spawn.position.z ), Quaternion.
```

```
                identity );
        bot.GetComponent<BotInfo>().OwnerID = NetworkUtils.localPlayerID;
        bot.GetComponent<BotInfo>().BotID = botID;

        // 서버에 등장 메시지를 보낸다
        NetworkUtils.connection.Send( "SpawnBot", botID,
            spawn.position.x, spawn.position.z );
    }
}

ulong AllocateBotID()
{
    // 여기에서 우리의 봇 중 하나를 위한 고유 네트워크 ID를 생성할 것이다
    // 이를 서버 개입없이 처리하기 위해,
    // ID를 플레이어 ID 기반(플레이어 단위로 고유하게 생성되는)으로 만든다
    // 4바이트는 플레이어 ID가 될 것이고,
    // 나머지 4바이트가 봇 인스턴스 ID가 될 것이다
    ulong id = (ulong)lastGeneratedBotID++;
    // 정수가 4바이트를 채우고, 4바이트가 남는다
    id |= ( (ulong)NetworkUtils.localPlayerID << 4 );
    // 플레이어 ID를 시프트해서 나머지 4바이트를 채운다

    return id;
}
}
```

이로써 거의 마무리가 된 셈이다. 이제 게임플레이 씬만 구성하면 된다. 이 작업은 상당히 간단하며, 바닥에 평면(Y를 0으로 설정)을 배치한 다음, 빈 게임 오브젝트로 각 봇의 시작 지점을 생성하기만 하면 된다. 이어서 빈 게임 오브젝트를 봇 프리팹과 함께 SpawnBot 스크립트에 대한 spawn 배열 위로 드래그 & 드롭한다.

드디어, 우리의 봇 전쟁 예제 게임이 완성됐다.

요약

4장에서는 Player.IO라는 또다른 서버 기술에 대해 배웠다. Player.IO는 네트워크 부하가 큰 반사 신경을 요하는 게임이나 대규모 멀티플레이어 게임보다는 방 기반의 구성과 소규모의 플래시 유형 게임에 좀 더 적합하다는 측면에서 포톤과 다르다. 그리고 Player.IO는 직접 호스팅될 수 없다는 점에서 포톤 클라우드와 유사하다.

또한 이번 장에서는 접속하는 방법, 방에 참여하는 방법, 메시지를 받는 방법과 아울러 플레이어 데이터 보존을 위해 BigDB를 다루는 방법을 살펴봤다. 이어서 이런 지식을 응용해서 유사 RTS 데모 게임을 개발했는데, 이 게임에서 플레이어는 5개의 유닛을 지휘해서 다른 플레이어가 조종하는 유닛을 공격할 수 있다. 이 과정에서 32비트 플레이어 ID를 이용함으로써, 서버 개입 없이 클라이언트에서 64비트의 고유 ID를 생성하는 방법까지 배웠다.

다음 장에서는 마지막 네트워크 시스템으로서, PubNub이라고 알려진 HTTP 푸시 서비스를 다룰 예정이다.

5

펍넙: 통합 채팅 상자

5장에서는 펍넙^{PubNub}이라고 알려진 근본적으로 다른 네트워크 시스템을 다루려고 한다. 펍넙은 통신을 위해 일반적인 TCP나 UDP 소켓이 아닌 HTTP를 이용한다는 점에서, 대부분의 전통적인 네트워크 시스템과 다르다. 펍넙은 낮은 지연^{low latency}을 요구하는 반사 신경형 게임이나 권한 집중형 서버 구성에는 잘 어울리지 않지만, 인스턴스 메시징 같은 통신 형태에는 안성맞춤이다.

5장에서 다룰 내용은 다음과 같다.

- 펍넙이 HTTP 기반으로 동작하는 방법
- 펍넙에서 반환된 JSON의 파싱
- 펍넙 기반의 WWW 포장자 구성
- 통합 채팅 애플리케이션 구현

펍넙의 개요

전통적인 TCP나 UDP 통신 방법과 달리, 펍넙은 HTTP를 기반으로 한다. 사용자들은 애플리케이션에 의해 채널로 나뉜다. 각 채널 안에서 사용자는 채널의 모든 사용자들에게 브로드캐스트되는 메시지를 게시할 수 있다. 이런 방식에는 몇 가지 한계가 존재한다. 채널 내의 특정 사용자에게 메시지를 보내는 것이 불가능하며, 메시지는 순

수 텍스트 형식으로 저장된다. 지연 역시 주요한 이슈 중 하나로, 메시지가 수신되는 데 약간의 시간이 소요될 수 있다. 이런 요인들로 인해 펍넙은 빠르고 효율적인 통신을 요구하는 게임에는 부적합하지만, 다른 용도가 있다. 예를 들어, 플레이어들이 통신하기 위해 서로 직접 연결될 수 없는 경우라면(예를 들어, 인스턴트 메시징 기능 같은 경우), 사용자 ID 기반으로 특정한 이름이 붙여진 채널들을 활용해서 플레이어들에게 메시지를 보낼 수 있다(개인 메시지를 받고 싶은 플레이어는 자신의 전용 채널에 귀를 기울이면 된다).

시작하기

시작하기에 앞서, 펍넙에 계정을 등록해야 할 것이다. 다음 URL로 이동해서 무료 계정을 등록한다.

http://www.pubnub.com/free-trial

로그인한 다음에, 다음 스크린샷에서 보이는 대로 새로운 앱을 생성해야 한다.

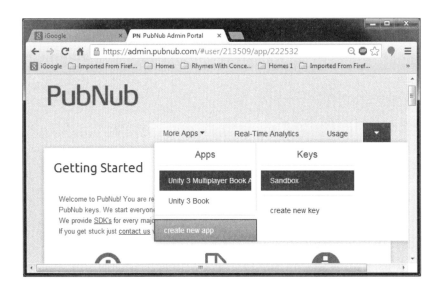

More Apps 메뉴에서 create new app을 선택한다. 이름을 입력하고 Enter를 누른다.

앱이 생성되고 나면, 두 가지 중요한 정보가 포함된 섹션이 보일 것이다.

- 게시^{Publish} 키
- 구독^{Subscribe} 키

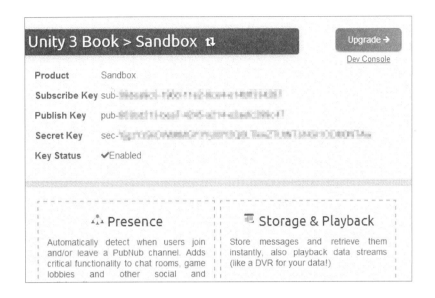

펍넙에 메시지를 게시하고 펍넙에서 메시지를 받으려면 게시 키와 구독 키가 모두 필요하다.

이 두 가지가 준비됐으니, 이제 시작해 보자.

펍넙의 작동

앞에서 언급한 바와 같이, 펍넙은 TCP나 UDP 소켓이 아닌 HTTP를 기반으로 작동한다. 이는 펍넙 서비스가 전적으로 웹 서비스를 통해서 접근된다는 뜻이다. 이것이 어떻게 작동되는지 살펴보자.

두 개의 URL이 펍넙과의 전체적인 상호작용을 담당한다. 하나는 게시에 사용되는데, 이 URL에 요청해서 게시 키, 구독 키, 게시할 채널과 게시할 메시지 등의 모든 정보를 전달한다.

다른 URL은 구독에 사용된다. 지연을 최소화하려면, 이 URL에 요청한 후 여기에서 뭔가 반환되자마자 또 다른 요청을 보내는 식으로 처리해야 한다. 대부분의 웹 요청과 달리, 이 URL은 특별히 긴 타임아웃을 가지고 있으므로, 누군가 다른 사람이 해당 채널에 메시지를 게시하기 전까지는 아무 것도 반환하지 않을 것이다. 이는 일반적으로 우리가 메시지를 받은 후에만 요청을 할 수 있다는 뜻이다.

구독 URL에 요청을 할 때는 게시와 마찬가지로 몇 가지 정보를 전달하는 데, 이 경우에는 '타임 토큰'이 추가된다. 맨 처음 요청할 때는 0의 타임 토큰을 전달한다. 이는 펍넙에게 현재의 타임 토큰을 보내라는 뜻이다. 매번 구독 URL에서 응답을 받을 때마다, 타임 토큰을 저장하고 이것을 다음 번 요청에 사용한다. 이런 방식을 통해 오래된 메시지를 받지 않도록 보장하는 것이다.

펍넙의 구독 URL은 JSON을 반환하므로, 펍넙 기반으로 포장자를 작성하기에 앞서 JSON을 파싱할 방법이 필요할 것이다.

 JSON(JavaScript Object Notation)은 구조화된 데이터를 키/값 쌍으로 저장하기 위한 형식이다. 예를 들어, 간단한 JSON 오브젝트는 다음과 같이 보일 것이다.

```
{"key1":value1, "key2":value2, ... "key n":value n}
```

 값은 불, 정수, 부동소수 등의 몇 가지 형식이 될 수 있다. 배열이나 중첩된 오브젝트 역시 가능하다.

추가적인 정보는 JSON 형식에 대한 다음 자료에서 확인하기 바란다.

http://www.json.org/

요청/응답 시스템을 활용하는 이런 방식의 통신은 그 상부에 구축되는 네트워크 시스템에 지대한 영향을 미칠 수 있다. 이러한 HTTP 요청/응답 시스템은 실시간 통신용이 아니라, 서버에서 웹 페이지를 요청하는 브라우저용으로 설계된 것이다. 게다가 HTTP는 TCP로 구현되어 있긴 하지만, TCP와 똑같지는 않다. HTTP는 범용 메시지 송수신이 아닌, 웹 서버에서 자료를 내려받는 데 적합하게 설계된 정보를 대량으로

운반한다. 특히, 클라이언트에서 서버로 데이터를 전송하는 데 이용 가능한 수단은 브라우저 URL이나 POST 매개변수뿐이다. 추가로, 사용자 에이전트(데이터를 요청하는 브라우저 정보), 클라이언트가 예상하는 콘텐트 형식, 언어, 콘텐트 길이 같은 다른 정보 더미 전체가 이런 요청의 일부로 전송된다. 이는 전달되는 메시지가 상당히 커질 수 있는 가능성을 내포한다. 일반적으로, 펍넙은 로비 방 채팅 같이 즉각적일 필요가 없는 뭔가에는 유용할 수 있지만, 실시간 멀티플레이어에는 쓸만한 후보가 되지 못한다. 추가로, HTTP를 이용할 때 한 가지 장점은 방화벽들이 일반적으로 웹 트래픽은 대부분 통과시키도록 구성되어 있다는 점이다. 기업 네트워크에서와 같이 게임 네트워크 트래픽을 막는 방화벽이 훨씬 더 안전하다는 사실은 부인할 수 없다.

펍넙에서 보낸 JSON 파싱

구독 서비스에서 보내는 모든 응답은 다음과 같이 구성되어 있다.

- 다음이 포함된 배열
  - 이전 구독 요청 이후에 들어 온 새로운 메시지의 배열
  - 다음 호출에 사용할 새로운 타임 토큰

처음 구독 요청을 하면, 다음과 같은 것을 받게 된다.

```
[[],"13782280489181338"]
```

이것은 JSON 배열이다. 첫 번째 항목은 메시지의 배열로, 첫 번째 요청에 대해서는 비어 있을 것이다. 두 번째 항목은 문자열이며 사용할 새로운 타임 토큰이다.

첫 번째 요청 이후에는, 다음과 같은 것을 받게 될 것이다.

```
[[ "Some message here", "Another message here" ], "13782280489181345"]
```

이제, 첫 번째 항목에 뭔가 문자열 배열이 들어있다(실제로 이 배열은 모든 데이터를 보관할 수 있는 JSON 데이터지만, 우리의 채팅 애플리케이션의 경우에는 문자열 값을 보낼 것이다). 이것들은 이전에 우리가 구독한 이후에 채널에 새롭게 게시된 모든 메시지다.

이것들을 파싱하기 위해, SimpleJSON이라고 불리는 유니티용 JSON 파서parser를 이

용하려고 한다. 이 프로그램은 다음의 유니파이^{Unify} 커뮤니티 위키에서 무료로 다운
로드할 수 있다.

http://wiki.unity3d.com/index.php/SimpleJSON

설정 명령에 따라 이 프로그램을 유니티 프로젝트에 추가한다.

다음으로, 펍넙 응답을 파싱할 헬퍼 함수를 작성해 보자.

```csharp
using UnityEngine;
using System.Collections;

using SimpleJSON;

public class PubNubUtils
{
  public static string[] ParseSubscribeResponse( string response,
    out string timeToken )
  {
    // JSON을 JSON 배열로 파싱한다
    var json = JSON.Parse( response ).AsArray;
    // 첫 번째 항목은 또 다른 JSON 배열
    var messages = json[ 0 ].AsArray;
    // 두 번째 항목은 새로운 타임 토큰
    timeToken = json[ 1 ].Value;
    // 메시지 JSON 배열을 문자열 배열로 파싱한다
    string[] ret = new string[ messages.Count ];
    for( int i = 0; i < ret.Length; i++ )
    {
      ret[ i ] = messages[ i ].Value;
    }
    // 메시지를 반환한다
    return ret;
  }
}
```

구독 요청 응답을 받아서 메시지 목록과 새로운 타임 토큰으로 파싱할 수 있게 됐으
니, 이제 펍넙 기반으로 래퍼^{wrapper}를 만들어 보자.

팝넙 인터페이스 개발

우리 시스템에서는 유니티의 내장 WWW 클래스를 활용해서 요청을 보내고, 코루틴 coroutine이라고 불리는 상당히 유용한 유니티 스크립트 기능을 이용해서 요청이 완료될 때까지 비동기적으로 대기할 계획이다. 웹 요청은 완료되는 데 시간이 소요되므로, 서버 응답을 기다리느라고 게임 루프를 정지시켜서는 안 된다.

 유니티에서 코루틴은 함수를 여러 개의 프레임에 걸쳐 수행될 수 있는 단계로 분리함으로써, 반 비동기적으로(semi-asynchronously) 코드를 실행할 수 있는 방법이다. 코루틴은 실행 중에 값을 산출한다. 이 값이 유니티에서 해석되어 코루틴을 언제 재개할지 결정하는 데 사용된다. 예를 들어, null을 산출하면 유니티는 함수를 일시 정지시키고 다음 프레임에서 재개할 것이다. 이번 경우에는 WWW 오브젝트를 산출하는데, 이 결과 유니티는 우리 함수를 일시 정지했다가 WWW 요청이 완료되고 나면 재개할 것이다(WWW 요청 자체는 백그라운드에서 비동기적으로 처리된다).

우선, 이를 위해 MonoBehavior 클래스를 생성해 보자. 이 클래스는 필요한 키를 저장하고, 요구되는 요청을 수행하는 것 외에 현재 인스턴스에 대한 정적 참조를 보관한다.

```
using UnityEngine;
using System.Collections;
using System.Collections.Generic;

public class PubNubWrapper : MonoBehaviour
{
  public static PubNubWrapper instance;

  public string PublishKey = "";
  public string SubscribeKey = "";

  private Dictionary<string, System.Action<string>>
    channelMessageHandlers = new Dictionary<string,
    System.Action<string>>();
```

```
    private string timeToken = "0";

    void Awake()
    {
      instance = this;
    }

    // 주어진 채널에 메시지를 게시한다
    public void Publish( string message, string channel )
    {
    }

    // 주어진 채널로부터 메시지를 수신하기 위해 구독한다
    public void Subscribe( string channel, System.Action<string>
      messageHandler )
    {
    }

    // 주어진 채널로부터 메시지 수신을 중단하기 위해 구독을 해지한다
    public void Unsubscribe( string channel )
    {
    }
}
```

당장은 아무 기능이 없지만, 함수에 내용을 채워 넣을 것이다. 우선, 게시 함수를 만들어 보자.

```
// 주어진 채널에 메시지를 게시한다
public void Publish( string message, string channel )
{
    // 메시지를 URL에 넣을 수 있도록 변환한다
    string escapedMessage = WWW.EscapeURL( message ).Replace( "+", "%20" );
    // 유니티의 URL escape 함수는 스페이스를 '+'로 대체한다
    // 일부 플랫폼에서는 %20을 사용하는 편이 좋다
    // URL을 구성한다
    // http://pubsub.pubnub.com
    // /publish
```

```
// /[publish key]
// /[subscribe key]
// /0
// /[channel name]
// /0
// /[JSON message data]
string url =
    "http://pubsub.pubnub.com" +
    "/publish" +
    "/" + PublishKey +
    "/" + SubscribeKey +
    "/0" +
    "/" + channel +
    "/0" +
    "/\"" + escapedMessage + "\"";

// 요청을 보낸다
WWW www = new WWW( url );
}
```

매우 간단한 내용이다. 게시 요청 데이터가 URL 형태로 설정되는데, 여기에는 최우선적으로 게시 키, 게시할 채널, 게시할 메시지가 포함된다. 메시지가 따옴표로 둘러싸인다는 점에 유의한다. 우리가 게시하는 메시지는 단순한 문자열이 아니라 실제로 JSON 오브젝트임을 명심한다. 이 경우, 메시지를 JSON 문자열 형식으로 만든다. 실제로 메시지를 게시하는 요청을 보낼 URL로 새로운 WWW 오브젝트를 생성한다.

다음으로 구독 함수 차례다. 이 함수는 실제로 코루틴을 기동하는데, 이 코루틴이 루프 내에서 실행되면서 펍넙에 구독 요청을 보낼 것이다. 이 요청 중 하나가 완료되고, 콜백이 사전 내에 존재하지 않는다면 이는 구독 해지가 호출됐다는 뜻이므로, 코루틴을 빠져 나온다.

```
// 주어진 채널로부터 메시지를 받기 위해 구독한다
public void Subscribe( string channel, System.Action<string>
messageHandler )
{
    channelMessageHandlers.Add( channel, messageHandler );
```

```csharp
    StartCoroutine( doSubscribe( channel ) );
}


IEnumerator doSubscribe( string channel )
{
  // (우리가 구독한) 주어진 채널에 대한 메시지 핸들러가 있는 동안에는
  // 지속적으로 요청을 보낸다
  while( channelMessageHandlers.ContainsKey( channel ) )
  {
    // URL을 구성한다
    // http://pubsub.pubnub.com
    // /subscribe
    // /[subscribe key here]
    // /[channel name here]
    // /0
    // /[time token here]
    string url =
      "http://pubsub.pubnub.com" +
      "/subscribe" +
      "/"" + SubscribeKey +
      "/" + channel +
      "/0" +
      "/" + timeToken;

    // 요청을 보낸다
    WWW www = new WWW( url );

    // 유니티에서 WWW 오브젝트를 산출할 수 있으며,
    // 이 결과 요청이 오류를 일으키거나 완료될 때까지
    // 유니티는 이 코루틴을 일시 정지시킨다
    yield return www;

    // www.error는 문자열이다
    // 오류가 없는 경우에는 null이나 비어 있게 될 것이며,
    // 오류가 있는 경우에는 오류 메시지가 포함될 것이다
    if( !string.IsNullOrEmpty( www.error ) )
    {
```

```
        // 오류를 콘솔에 기록한다
        Debug.LogWarning( "Subscribe failed: " + www.error );

        // 채널 구독을 해지한다,
        // 오류 메시지로 콘솔을 가득 채우고 싶지 않다
        Unsubscribe( channel );

        // yield break는 유니티가 이 코루틴을 빠져나가도록  한다
        // 이 구문은 정규 메소드의
        // "return"과 같은 기능이다
        yield break;
    }


    // 응답을 파싱한다
    string newToken;
    // 서버에서 보낸 응답을 파싱한다
    // 우리가 마지막으로 요청을 보낸 이후에
    // 게시된 새로운 메시지들의 배열이 반환된다
    string[] newMessages = PubNubUtils.ParseSubscribeResponse(
      www.text, out newToken );

    // 반환된 타임 토큰을 저장한다
    // 타임 토큰 덕택에 새로운 메시지만 받을 수 있다
    timeToken = newToken;

    // 이 채널을 아직까지 구독 중인지 확인한다
    if( channelMessageHandlers.ContainsKey( channel ) )
    {
      // 각 메시지를 별도로 처리한다
      for( int i = 0; i < newMessages.Length; i++ )
      {
        channelMessageHandlers[ channel ]( newMessages[ i ] );
      }
    }
  }
}
```

마지막으로, 구독 해지 메소드다. 이 메소드는 주어진 채널과 관련된 콜백을 제거할 것이며, 이 결과 doSubscribe 코루틴 루프를 빠져나오게 될 것이다.

```
// 주어진 채널로부터 메시지 수신을 중단하기 위해 구독을 해지한다
public void Unsubscribe( string channel )
{
  channelMessageHandlers.Remove( channel );
}
```

이로써 펍넙 기반의 포장자 기능을 갖추게 됐다. 이 기능을 테스트하기 위해 메시지를 채널에 게시하고, 동일한 채널에 연결해서 수신된 메시지를 콘솔에 기록하는 간단한 스크립트를 만들어 보자.

```
using UnityEngine;
using System.Collections;

public class PubNubTest : MonoBehaviour
{
  void Start()
  {
    PubNubWrapper.instance.Subscribe( "HelloWorld",
      delegate( string message )
      {
        Debug.Log( "Received message: " + message );
      } );

    PubNubWrapper.instance.Publish( "Hello, world!", "HelloWorld" );
  }
}
```

이 스크립트를 PubNubWrapper와 함께 씬에 배치하고 Play를 클릭하면, 짧은 지연 후에 Received message: Hello, world!가 콘솔에 출력되는 광경을 볼 수 있을 것이다. 게시 키와 구독 키를 PubNubWrapper 인스펙터 내의 필드에 다음과 같이 붙여넣어야 한다는 점을 잊지 말자.

228

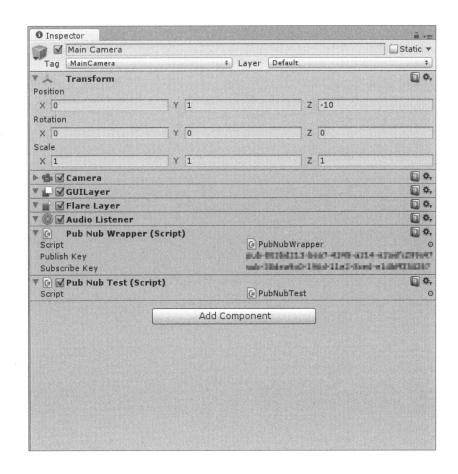

펍넙 기반의 프레임워크가 준비됐으니, 이제 통합 채팅 애플리케이션 개발을 시작해 보자.

통합 채팅 애플리케이션 개발

우리의 통합 채팅 상자는 많은 측면에서 포톤으로 개발한 채팅 상자와 유사해 보일 것이다. 하지만 이번에는 격리된 채팅방 대신에, 모든 이들을 위한 단일 통합 채팅 상자를 만들어 볼 것이다. 추가로 염두에 둬야 할 API상의 중요한 차이가 있다. 포톤에서는 간편하게 RPC를 이용해서 접속된 모든 클라이언트에 대해 채팅 메시지를 처리하는 함수를 호출할 수 있었다. 하지만, 펍넙에서는 직접 들어오는 메시지를 처리하고 그것들을 파싱해서 채팅 메시지로 가공해야 한다.

이번 채팅 상자 예제에서는 /me 명령 같은 부가 기능을 이용해서 채팅 상자의 기능을
확장시킬 것이다. 추가로, 이름(방에서 공표되는) 변경까지 지원할 예정이다.

```
using UnityEngine;
using System.Collections;

public class Chatbox : MonoBehaviour
{
  private string PlayerName;
  private string _playerName;

  void Start()
  {
    // 플레이어에게 랜덤한 손님 이름을 할당하거나
    // 플레이어 환경 설정에서 그들의 성(last name)을 로드한다
    PlayerName = PlayerPrefs.GetString( "PlayerName", "Guest" +
      Random.Range( 0, 9999 ) );

    // 'Change' 버튼을 누르기 전까지 실제 이름이
    // 변경되지 않도록 하기 위해 GUILayout.TextField로 전달할
    // 임시적인 _playerName를 이용한다.
    _playerName = PlayerName;

    // 채팅방을 구독한다
    // 우리가 원한다면, 개별적인 채팅방들을 간단히 생성해서,
    // 사용자가 채팅방을 고르도록 하고 채팅방의 이름을
    // 여기에 입력하게 할 수 있다
    PubNubWrapper.instance.Subscribe( "Chatbox", HandleMessage );
  }

  // 지금은 테스트 차원에서 메시지를 콘솔에 간단히 기록한다
  void HandleMessage( string message )
  {
    Debug.Log( message );
  }
```

```
void OnGUI()
{
  _playerName = GUILayout.TextField( _playerName,
    GUILayout.Width( 200f ) );
  if( GUILayout.Button( "Change Name", GUILayout.Width( 200f ) ) )
  {
    // 플레이어가 자신의 이름을 바꿨다는 사실을
    // 방의 다른 모든 이들에게 알린다
    PubNubWrapper.instance.Publish( PlayerName + " changed
      their name to " + _playerName, "Chatbox" );

    // 새로운 이름을 할당한다
    PlayerName = _playerName;
  }
}

void OnApplicationQuit()
{
  // 플레이어가 종료하면, 나중에 재접속할 때 이용할 수 있도록
  // 그들의 이름을 플레이어 환경설정에 저장한다
  PlayerPrefs.SetString( "PlayerName", PlayerName );
}
}
```

이 스크립트를 단계적으로 살펴보자. 우선 플레이어 이름을 로드하거나 새로 하나를
생성한다. 이어서 채팅 상자 채널을 구독한다. OnGUI에서는 플레이어 이름을 위한 텍
스트 필드와 'Change Name' 버튼을 그린다. 플레이어가 자신의 이름을 변경하면,
채팅룸에 알려지고 플레이어 이름이 설정된다. 플레이어가 종료하면 이름이 저장된
다. 수신된 메시지들은 콘솔에 디버그 기록된다.

채팅 메시지 게시

다음으로, 채팅 상자에 메시지를 게시하기 위해 텍스트 필드를 추가해 보자.

우선, 텍스트 필드 값을 저장할 변수를 하나 추가한다. **Send** 버튼을 클릭하면, 사용자
가 입력한 텍스트가 채널에 브로드캐스트되고, 텍스트 상자가 비워진다.

```
private string chatText = "";
```

OnGUI 호출의 마지막 부분에 다음과 같이 텍스트 필드를 추가한다.

```
GUILayout.BeginHorizontal( GUILayout.Width( Screen.width ) );
{
  chatText = GUILayout.TextField( chatText, GUILayout.ExpandWidth(true ) );
  if( GUILayout.Button( "Send", GUILayout.Width( 100f ) ) )
  {
    // 다음 형식으로 플레이어가 입력한 메시지를 게시한다
    // [playername]: [message]
    PubNubWrapper.instance.Publish( PlayerName + ": " + chatText, "Chatbox" );
    // 텍스트 상자를 비운다
    chatText = "";
  }
}
GUILayout.EndHorizontal();
```

이제 텍스트 필드에 텍스트를 입력하고 Send 버튼을 누르면, 곧 메시지가 콘솔에 기록되는 장면을 보게 될 것이다.

지금은 항상 이름이 메시지 앞에 붙지만, 널리 활용되는 /me 명령을 지원하기 위해 이를 바꿔 보자. GUI Send 버튼 코드에 간단한 변경을 가한다.

```
if( GUILayout.Button( "Send", GUILayout.Width( 100f ) ) )
{
  // 플레이어가 다음과 같은 메시지를 입력했는가?
  // /me [message]?
  // 그렇다면 다음과 같이 게시한다
  // [playername] [message] 콜론 생략

  if( chatText.StartsWith( "/me " ) )
  {
    chatText = chatText.Replace( "/me", "" );
    PubNubWrapper.instance.Publish( PlayerName + chatText, "Chatbox" );
  }
  else
```

```
        {
            // 플레이어가 입력한 메시지를 다음 형식으로 게시한다
            // [playername]: [message] PubNubWrapper.instance.
                Publish( PlayerName + ": " + chatText, "Chatbox" );
        }
    }
        chatText = "";"";}
```

텍스트가 '/me'로 시작되는지 단순 체크하고, 그렇다면 플레이어 이름을 텍스트에 콜론 없이 부착한다. 전체 스크립트는 다음과 같다.

```
using UnityEngine;
using System.Collections;

public class Chatbox : MonoBehaviour
{
    private string PlayerName;
    private string _playerName;

    private string chatText = "";

    void Start()
    {
        // 플레이어에게 랜덤한 손님 이름을 할당하거나
        // 플레이어 환경 설정에서 그들의 성(last name)을 로드한다
        PlayerName = PlayerPrefs.GetString( "PlayerName", "Guest" +
            Random.Range( 0, 9999 ) );

        // 'Change' 버튼을 누르기 전까지 실제 이름이
        // 변경되지 않도록 하기 위해 GUILayout.TextField에 전달할
        // 임시적인 _playerName를 이용한다
        _playerName = PlayerName;

        // 채팅방을 구독한다
        // 우리가 원한다면, 별도의 채팅방들을 간단히 생성해서,
        // 사용자가 채팅방을 고르게 하고 채팅방의 이름을
        // 여기에 입력하게 할 수 있다
```

```
    PubNubWrapper.instance.Subscribe( "Chatbox", HandleMessage );
}

// 지금은 테스트 차원에서 메시지를 콘솔에 간단히 기록한다
void HandleMessage( string message )
{
    Debug.Log( message );
}

void OnGUI()
{
    _playerName = GUILayout.TextField( _playerName, GUILayout.Width( 200f ) );
    if( GUILayout.Button( "Change Name", GUILayout.Width( 200f ) ) )
    {
        // 플레이어가 자신의 이름을 바꿨다는 사실을
        // 방의 다른 모든 이들에게 알린다
        PubNubWrapper.instance.Publish( PlayerName + "" changed
            their name to " + _playerName, "Chatbox" );

        // 새로운 이름을 할당한다
        PlayerName = _playerName;
    }

    GUILayout.BeginHorizontal( GUILayout.Width( Screen.width ) );
    {
        chatText = GUILayout.TextField( chatText,
            GUILayout.ExpandWidth( true ) );
        if( GUILayout.Button( "Send", GUILayout.Width( 100f ) ) )
        {
            // 플레이어가 다음과 같은 메시지를 입력했는가?
            // /me [message]?
            // 그렇다면 다음과 같이 게시한다
            // [playername] [message] 콜론 생략
            if( chatText.StartsWith( "/me " ) )
            {
                chatText = chatText.Replace( "/me", "" );
                PubNubWrapper.instance.Publish( PlayerName + chatText, "Chatbox" );
```

```
        }
        else
        {
          // 플레이어가 입력한 메시지를 다음 형식으로 게시한다
          // [playername]: [message] PubNubWrapper.instance.
          PubNubWrapper.instance.Publish( PlayerName + ": " + chatText,
            "Chatbox" );
        }
        chatText = "";
      }
    }
    GUILayout.EndHorizontal();
  }

  void OnApplicationQuit()
  {
    PlayerPrefs.SetString( "PlayerName", PlayerName );
  }
}
```

채팅 로그의 표시

기본적인 텍스트 명령 처리를 끝마쳤으므로, 이어서 수신된 메시지를 표시해 보자.

수신된 메시지를 문자열 '목록'에 추가하고, 메시지들을 스크롤 뷰 안에 표시하려고
한다. 우선, 변수를 몇 가지 추가한다.

```
private List<string> messages = new List<string>();
private Vector2 scrollPosition = Vector2.zero;
```

다음으로 HandleMessage 함수 안에서 목록에 메시지를 추가하고 스크롤 위치를 갱신
한다.

```
void HandleMessage( string message )
{
  Debug.Log( message );
```

```
  messages.Add( message );

  // 메시지가 너무 많다면 가장 오래된 것을 삭제한다
  if( messages.Count > 100 )
    messages.RemoveAt( 0 );

  // 유니티는 스크롤 값을 고정한다
  // 이 값을 충분히 높게 설정하면 맨 밑까지 스크롤 될 것이다
  scrolPosition.y = messages.Count * 100f;
}
```

그리고 마지막으로, OnGUI 메소드에서 메시지 목록을 스크롤 뷰 안에 표시한다.

```
void OnGUI()
{
  _playerName = GUILayout.TextField( _playerName, GUILayout.Width( 200f ) );
  if( GUILayout.Button( "Change Name", GUILayout.Width( 200f ) ) )
  {
    PubNubWrapper.instance.Publish( PlayerName + " changed their
    name to " + _playerName, "Chatbox" );
    PlayerName = _playerName;
  }

  scrollPosition = GUILayout.BeginScrollView( scrollPosition,
    GUILayout.Width( Screen.width ), GUILayout.Height
    ( Screen.height - 75f ) );
  {
    // 각 메시지를 표시한다
    for( int i = 0; i < messages.Count; i++ )
    {
      GUILayout.Label( messages[ i ] );
    }
  }
  GUILayout.EndScrollView();
  GUILayout.BeginHorizontal( GUILayout.Width( Screen.width ) );
  {
    chatText = GUILayout.TextField( chatText, GUILayout.ExpandWidth( true ) );
```

```
    if( GUILayout.Button( "Send", GUILayout.Width( 100f ) ) )
    {
      if( chatText.StartsWith( "/me " ) )
      {
        chatText = chatText.Replace( "/me", "" );
        PubNubWrapper.instance.Publish( PlayerName + chatText, "Chatbox" );
      }
      else
      {
        PubNubWrapper.instance.Publish( PlayerName + ": " + chatText,
          "Chatbox" );
      }
      chatText = "";
    }
  }
  GUILayout.EndHorizontal();
}
```

이로써, 완전한 기능을 갖춘 펍넙 기반의 통합 채팅 상자가 완성됐다. 이제 메시지를 주고받는 데 필요한 모든 사항들을 알게 됐을 것이다. 몇 가지 수정할만한 사항은 다음과 같다.

- 메시지를 순수 텍스트가 아닌 JSON으로 변환한다. 이렇게 하면 메시지를 보낸 사람, 메시지 발송 시각 등 모든 종류의 부가 데이터를 메시지에 연결시킬 수 있다.
- 귓속말 기능을 추가한다. 메시지를 JSON으로 변환하면 이 기능을 좀 더 쉽게 구현할 수 있다. 채팅 상자에 '귓속말/대화' 탭이 추가될 수도 있다. 귓속말 모드에서 귓속말을 보내려면 다른 사용자의 이름을 입력해야 한다. 오직 해당 사용자만이 메시지를 받게 될 것이다.
- 프로필 이미지를 추가한다. 사용자가 자신의 이미지 URL을 설정하면, 그들이 보내는 메시지 옆에 이미지가 표시될 것이다. 추가로, 사용자가 자신의 이메일을 지정하게 하면 그들의 아바타 URL을 계산해 내서 Gravatar.com 서비스와 통합시킬 수도 있다.

그라바타(Gravatar)는 아바타 서비스로 사용자가 아바타를 자신의 이메일 주소와 연동시켜 다양한 서비스에서 활용할 수 있게 해준다. 사용자의 이메일 주소로부터 MD5 해시를 계산한 다음, 이 해시를 이용해서 다음 URL을 통해 아바타 이미지를 요청한다.

http://www.gravatar.com/avatar/HASH

그라바타 이미지 요청에 대한 추가적인 정보는 다음 URL을 참고하기 바란다.

http://en.gravatar.com/site/implement/images/

요약

5장에서는 HTTP 웹 서비스 기반의 다른 통신 방법을 살펴봤으며, 펍넙이라고 알려진 HTTP 통신 서비스에 대해 배웠다. 펍넙은 멀티플레이어 네트워킹보다는 그룹 단위의 통신에 적합하며 간단한 메시지를 전달한다. 펍넙은 HTTP 기반 통신의 장점을 가지고 있는데, 대부분의 학교나 기업의 방화벽에서 허용될 수 있다는 것이다.

채널에 메시지를 게시하는 방법과 채널에서 메시지를 받기 위해 구독하는 방법도 배웠다. 이런 지식을 응용해서 사용자들이 서로 대화를 나눌 수 있는 통합 채팅 상자 애플리케이션을 개발해 봤다.

다음 장에서는, 네트워크에 접속된 개체의 보간과 클라이언트 사이드 예측부터 좀 더 고급의 네트워킹 개념까지 다뤄 보겠다.

6
개체 보간과 예측

멀티플레이어 네트워킹을 도입한 거의 모든 게임에서, 개체^{entity}들은 랙을 줄이고 업데이트로 인한 끊김 현상을 줄이기 위해 보간^{interpolation}되어야 한다. 개체 하나만의 업데이트는 상대적으로 초당 몇 번 안되는 빈도로 도착하지만, UDP를 이용할 때는 이런 상황에서도 때에 따라 손실이 발생될 수 있으므로, 보간으로 이런 현상을 완화하고 최종적인 움직임이 부드럽게 보이게끔 만들어서 최대한 원래 플레이어의 움직임을 재현해야 한다.

이전에는 단순하게 현재 네트워크 위치 쪽으로 보간하는 방식의 간단한 보간 형태를 구현했다. 이렇게 하면 많은 경우 굼뜨고 부자연스러워 보이는데, 플레이어가 빠르게 움직이거나 순식간에 방향을 바꾸곤 하는 반사 신경형 액션 게임에서는 특히 그렇다. 6장에서는 소스^{Source} 게임 엔진에서 영향을 받은 개체 보간 방식으로, 여러 유명 게임에서 널리 채용되고 있는 방식을 배워보려고 한다.

많은 게임에서는 대부분 서버에게 모든 것에 대한 완전한 통제권을 부여한다. 우리도 포톤 서버에 관한 장에서 이렇게 처리했지만, 플레이어가 이동할 때는 명령이 플레이어에게 도달할 때까지 시간이 소요되어 그 결과로 움직임이 굼뜨게 느껴질 수 있다는 점을 감안해야 한다. 이번 장에서는 클라이언트 사이드 예측을 이용해서 이 문제를 해결하는 방식에 대해 배울 것이다. 이 방식 역시 소스 게임 엔진에서 영향을 받았는데, 이 엔진은 〈레프트 포 데드$^{Left 4 Dead}$〉, 〈포털^{Portal}〉, 〈팀 포트리스 2$^{Team Fortress 2}$〉, 그리고 출시 예정작인 〈타이탄폴^{Titanfall}〉 같은 게임을 뒷받침하기 위해 밸브^{Valve} 스튜디오에서 개발한 것이다.

개체 보간

그렇다면 플레이어에게 부드러우면서도 굼뜨지 않게 보이는 방식(즉, 다른 플레이어의 액션을 충실하고 정확히 재현하는 것처럼 보여야 한다)으로 개체를 보간할 수 있는 방법이 필요하다. 밸브 스튜디오의 소스 게임 엔진으로 이를 어떻게 구현할 수 있는지 살펴보자.

기본 설정으로 소스는 초당 20개의 스냅샷^{snapshot}을 송신한다. 이런 지점들에서만 보여지는 오브젝트는 대략 20FPS 애니메이션이 될 것이며, 이는 이상적인 결과와는 거리가 멀다. 유니티 네트워킹의 기본 송신률은 15이므로, 한층 더 좋지 않게 보일 것이다.

소스에서 이 문제를 해결하는 방식은 100밀리초의 고정된 뷰 지연을 도입하는 것이다. 이렇게 함으로써, 일반적인 환경 하에서는 언제나 보간에 이용할 수 있는 두 개의 스냅샷이 확보되는데, 패킷 손실 등으로 스냅샷이 분실된 경우에도 그렇다. 따라서, 네트워크 엔진이 네트워크 시간 개념만 가지고 있다면, 현재의 네트워크 시간을 이용해서 이러한 두 개의 스냅샷 사이를 보간할 수 있다.

이런 방식은 손실된 패킷을 상당히 솜씨있게 처리한다. 일반적인 환경 하에서는 손실된 한두 개의 패킷은 좀 더 큰 보간 단계를 의미한다(두 패킷 사이를 보간하는 데 네트워크 시간을 이용함으로써, 보간 시간이 언제나 정확하게 보장된다). 한 패킷 이상이 연속으로 손실되는 아주 드문 경우에는, 개체가 아주 짧은 시간 동안 잠깐 정지할 수도 있다.

클라이언트 사이드 예측

서버 권한 집중형 물리 처리를 채용하는 게임에서는 랙^{lag}에 따른 영향을 숨기기 위해 플레이어 제어 오브젝트에 대해 클라이언트 사이드 예측까지 활용해야 한다. 하지만 이것은 보기보다 좀 더 어려운 문제다.

서버가 주기적으로 전체 오브젝트의 상태를 브로드캐스트한다고 가정해 보자. 플레이어가 자신의 오브젝트에 대해 예측한다면(그리고 서버에게 입력을 전송한다면), 플레이어가 서버 업데이트를 받을 때 무슨 일이 생기게 될까? 특히 이동 중일 때는 대체적으로 잠시 전에 있었던 위치로 순간 이동되는데, 이런 동작을 흔히 러버밴딩^{rubber-banding}이라고 부른다. 이것이 발생하는 이유는 클라이언트와 서버 사이에는 언제나 랙이 존재할 수밖에 없기 때문이다.

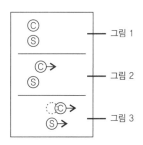

- 클라이언트는 서버에게 입력을 보내고 이동하기 시작한다(그림 2의 결과).
- 서버는 메시지를 받고 플레이어를 이동시키기 시작한다(그림 3의 결과).
- 서버는 현재 위치를 클라이언트에게 보낸다(클라이언트를 점선 원으로 그려진 예전 위치로 순간이동 시킨다). 소스 엔진이나 다른 게임 엔진이 이 문제를 처리하는 방식에는 상당량의 기록 작업이 수반되지만, 원리상으로는 그렇게 어려운 것이 아니다.

우선, 클라이언트는 서버에 입력을 보낸다. 클라이언트 이 입력을 적용하기 시작하고, 추가적으로 이 입력을 버퍼에 저장한다. 클라이언트가 서버에게 보내는 메시지에는 위치 같은 입력의 결과까지 포함된다.

서버는 입력을 받으면, 입력을 플레이어 오브젝트에 적용한 다음, 이 결과를 클라이언트가 보낸 결과와 비교한다. 클라이언트가 잘못된 결과를 계산했다면(예를 들어, 클라이언트가 보낸 위치가 서버 위치와 너무 멀리 떨어져 있다면), 서버는 제대로 된 결과가 무엇인지 알려주는 메시지를 클라이언트에 보낸다.

클라이언트에 이런 보정 메시지가 도착할 때, 해당 메시지는 일정 시간 전에 보내진 것일 테므로, 클라이언트는 현재 상태가 무엇인지 알아내야 한다. 이를 위해 클라이언트는 해당 시점으로 되돌아가서, 자신이 저장한 입력을 이용해서 현재 상태까지 다시 재연한다. 기본적으로 이런 방식은 '과거를 바꾸는 것'으로 여겨질 수 있는데, 시간을 거슬러 올라가서 계산 결과를 바꿀 경우 결과가 어떻게 될지 시뮬레이션해 보려고 시도하는 것이다.

클라이언트 사이드 예측에 관해 명심해야 할 가장 중요한 사항은 예측된 코드가 완전히 결정론적이어야 한다는 점이다. 즉, 정확히 같은 입력이 주어지면 같은 결과가 나와야 한다. 우리의 클라이언트와 서버는 정확히 같은 입력으로 정확히 같은 코드를 실행해야 할 뿐만 아니라, 종종 이런 코드가 정확히 같은 순서로 실행되도록 보장해야 한다(예를 들어, 클라이언트가 입력을 취합한 후에 업데이트한다면, 서버가 업데이트를 실행한 다음 입력을 취합하는 동안 우리는 온갖 문제에 시달리게 될 것이다).

리지드바디 시뮬레이션

이번 장까지 진행해 오면서 우리는 아직 리지드바디^{rigidbody}에 대해 다루지 않았다.

그것에는 나름대로의 이유가 있다. 현 시점에서 유니티의 내장 물리 엔진은 수동 스텝 물리 처리를 지원하지 않는다. 시뮬레이션의 수동 스텝 처리는 클라이언트 사이드 예측은 물론 서버 사이드 로직에서도 모두 필수적이다. 리지드바디를 정확히 스텝 처리할 수 없기 때문에, 그것들에 대해 클라이언트 사이드 예측을 수행할 수 없는 것이다.

하지만 게임이 리지드바디 시뮬레이션에 의존하고(예를 들어, 플레이어가 차량을 제어한다면) 클라이언트 사이드 예측을 필요로 한다면, 유일한 해결책은 서드파티 물리 엔진을 통합시키는 것이다. 이렇게 하기 위해서는 약간의 작업이 필요하지만, 월드의 스텝 처리 방식 등 대부분을 제어할 수 있게 된다. 지터^{Jitter} 물리 엔진이나 헨지 3D^{Henge3D}같이 .NET으로 작성된 무료 또는 오픈소스 서드파티 물리 엔진이 다수 존재한다. 이 엔진들 상당수는 마이크로소프트 XNA 툴킷과 함께 사용되도록 설계됐지만, 일부는 프레임워크와 무관하게 사용될 수 있다.

특히 서버 권한 집중형의 리지드바디 시뮬레이션을 필요로 한다면, 서드파티 물리 엔진 통합이 쉬운 일이 아니더라도 피할 수 없다.

대부분의 C# 엔진은 XNA 프레임워크 클래스를 기반으로 하므로(그리고 필요로 하므로) 유니티에서 동작하지 않을 것이다. 하지만, 지터 엔진은 완전히 자립적인 드문 엔진 중 하나다. 지터에 대해서는 http://jitter-physics.com/wordpress/를 찾아보기 바란다.

네트워크 접속 오브젝트 생성

우선 보간이나 예측을 적용해 볼 수 있는 기반을 만들어 보자. 이를 위해 화살표 키로 이리저리 움직일 수 있는 네트워크 접속 오브젝트를 생성하려고 한다. 우선 보간이 전혀 없는 시나리오부터 시작할 것이다. 즉, 오브젝트는 네트워크에서 받은 최신의 위치에 바로 나타날 것이다.

우선, 매우 간단한 플레이어 스크립트를 작성해 보자.

```
using UnityEngine;
using System.Collections;

public class Player : MonoBehaviour
{
  public float MoveSpeed = 5f;

  void Update()
  {
    if( networkView == null || networkView.isMine )
    {
      transform.Translate( new Vector3( Input.GetAxis(
        "Horizontal" ), 0, Input.GetAxis( "Vertical" ) ) *
        MoveSpeed * Time.deltaTime );
    }
  }
}
```

이 스크립트는 아주 기본적이다. 단순히 네트워크 뷰가 로컬 플레이어에 속하는지를 (또는 속하지 않는지) 체크하고, 그렇다면 트랜스폼을 수평 축과 수직 축(유니티에서는 기본 설정으로 WASD와 화살표 키 쌍에 대응되며, 많은 컨트롤러에서는 왼쪽 엄지 스틱 봉에 대응된다)으로 이동시킨다.

또한 네트워크 뷰에서 보이는 네트워킹 스크립트를 작성해야 한다.

```
using UnityEngine;
using System.Collections;

public class NetworkedPlayer : MonoBehaviour
{
  void OnSerializeNetworkView( BitStream stream, NetworkMessageInfo info )
  {
    Vector3 position = Vector3.zero;
    if( stream.isWriting )
    {
      position = transform.position;
      stream.Serialize( ref position );
    }
    else
    {
      stream.Serialize( ref position );
      transform.position = position;
    }
  }
}
```

이 스크립트는 아주 간단한 네트워킹용 스크립트로, 단순히 위치를 주고받을 뿐이다. 위치를 받자마자 수신된 값으로 즉시 '순간이동'한다. 당연히 이 결과로 랙이 두드러지게 나타날 것이다. 가장 작은 지연이라도 눈에 띄게 마련이며, 설사 지연이 없다 하더라도 대부분의 게임이 초당 10회에서 20회 정도로 위치 업데이트를 보내므로, 위치 업데이트는 끊겨 보일 것이다. 하지만, 데모용 기반으로는 충분한 역할을 할 것이다.

테스트베드를 완성하기 위해 두 개의 씬, 즉 메인 메뉴와 네트워크에 접속된 씬을 생성하려고 한다. 이 둘을 MainMenu와 GameScene이라고 이름 붙인다.

우선 메인 메뉴를 위한 스크립트를 다음과 같이 작성한다.

```csharp
using UnityEngine;
using System.Collections;

public class MainMenu : MonoBehaviour
{
  private string connectIP = "127.0.0.1";

  void OnGUI()
  {
    if( GUILayout.Button( "Host" ) )
    {
      // 게임을 호스팅한다
      Network.InitializeServer( 8, 25005, true );

      // 레벨을 로드한다
      Application.LoadLevel( "GameScene" );
    }

    connectIP = GUILayout.TextField( connectIP );
    if( GUILayout.Button( "Connect" ) )
    {
      // 접속한다
      Network.Connect( connectIP, 25005 );
    }
  }

  void OnConnectedToServer()
  {
    Network.isMessageQueueRunning = false;
    // 레벨을 로드한다
    Application.LoadLevel( "GameScene" );
  }
}
```

이 스크립트는 사용자가 서버를 호스팅하거나(Host 버튼을 클릭함으로써) 또는 서버에 접속할 수 있도록(서버 ID를 입력하고 Connect를 클릭함으로써) 해준다.

어떤 경우든, 게임을 호스팅하거나 게임에 참여한 후에 GameScene 오브젝트가 로드될 것이다. 사용자가 서버에 참여한다면 추가로 네트워크 대기열이 비활성화되는데, 이는 레벨이 로드될 때까지 중요한 메시지가 도착하지 않도록 하기 위함이다(이렇게 하지 않으면, 첫 번째 장에서 다룬 바대로 레벨이 로드되자마자 등장된 오브젝트가 사라질 것이다).

이 스크립트를 MainMenu 씬 안에 있는 빈 오브젝트에 배치한다.

다음으로 네트워크에 접속된 오브젝트를 등장시킬 스크립트를 작성해 보자. 간략화를 위해, 단순히 해당 스크립트가 부착된 게임 오브젝트 위치에 등장시키려고 한다. 실제 게임에서는 등장 위치를 랜덤하게 선택해야 할 것이다.

이를 위해 코루틴을 사용한다는 데 유의한다. 처음에는 2프레임 동안 기다렸다가 메시지 대기열을 활성화하고 오브젝트를 등장시킨다.

이는 우리가 서버에 참여한 경우, 레벨 로딩 전에 네트워크 대기열을 비활성화시켰기 때문이다. 레벨 로딩은 2프레임이 소요되므로, 이 2프레임 동안 기다렸다가 메시지 대기열을 활성화시켜야 한다.

```
using UnityEngine;
using System.Collections;

public class SpawnPlayer : MonoBehaviour
{
  public GameObject Player;

  IEnumerator Start()
  {
    yield return null;
    yield return null;
    Network.isMessageQueueRunning = true;
    Network.Instantiate( Player, Vector3.zero, Quaternion.identity, 0 );
  }
}
```

이 스크립트를 게임 씬의 빈 게임 오브젝트에 배치한다. 그리고 네트워크에 접속된 오브젝트를 프리팹으로 저장하고, Player 슬롯 위로 드래그해야 한다.

이제 게임을 실행하면, 각 플레이어가 움직일 수 있는 정육면체를 가진 예제를 보게 될 것이다. 보이는 바와 같이, 다른 플레이어의 이동은 상당히 끊겨 보인다. 보간을 이용해서 이 문제를 해결해 보자.

기초적 보간의 추가

첫 번째로, 아주 간단한 형태의 개체 보간을 추가해 보자. 단순히 네트워크로 수신한 오브젝트의 위치를 저장하고, Update에서 새로운 위치로 부드럽게 값을 바꾸기만 할 것이다. 이 방식은 첫 장에서 퐁 유사 게임을 만들 때 활용했던 보간법이다.

우선, 네트워크에서 받은 값을 보관할 임시 변수를 생성한다.

```
private Vector3 lastReceivedPosition;
```

Start에서 이 값을 현재 위치로 초기화한다.

```
void Start()
{
  lastReceivedPosition = transform.position;
}
```

직접적으로 트랜스폼 위치를 할당하지 않고, OnSerializeNetworkView 함수에서 수신된 값을 이 변수에 저장한다.

```
void OnSerializeNetworkView( BitStream stream, NetworkMessageInfo info )
{
  Vector3 position = Vector3.zero;
  if( stream.isWriting )
  {
    position = transform.position;
    stream.Serialize( ref position );
  }
```

```
    else
    {
      stream.Serialize( ref position );
      lastReceivedPosition = position;
    }
  }
```

그리고 마지막으로, Lerp 함수를 이용해서 수신된 값을 향해 보간한다.

```
void Update()
{
  if( !networkView.isMine )
  {
    transform.position = Vector3.Lerp( transform.position,
      lastReceivedPosition, Time.deltaTime * 10f );
  }
}
```

이제 원격 플레이어의 움직임이 훨씬 덜 끊겨 보일 것이다. 하지만, 이 방법에는 여러가지 문제가 있다. Lerp를 이런 방식으로 이용하면 '이즈아웃ease-out'이라고 불리는 현상을 낳는 경향이 있다. 즉, 오브젝트가 처음에는 목표를 향해 빠르게 움직이다가, 목표 지점에 접근할수록 느려지는 것이다(Time.deltaTime은 괜찮은 기본값을 제공하며, 여기에 임의의 인수를 약간 곱해서 보간을 빠르거나 느리게 만들 수 있다).

이 방식은 기본적으로 남아 있는 거리의 비율을 기반으로 한다. 즉, 거리가 짧아질수록, 해당 거리에 대한 같은 비율은 더 작은 값이 된다. 그 결과 목표에 접근할수록 보간은 느려지게 된다. 이 방식은 별도의 데이터 저장이나 임시 변수를 필요로 하지 않기 때문에 가장 손쉬운 보간 방법 중 하나다.

하지만, 이 방식은 지나치게 '두리뭉실한' 느낌을 줄 수 있으며, 특히 플레이어가 자신의 캐릭터에 대해 상당한 수준의 제어권을 가질 수 있는 게임에서는 더욱 그렇다. 보간 속도를 높일 수도 있지만, 이는 미세 조정을 필요로 한다. 앞에서 언급한 '두리뭉실한' 느낌과 지나치게 빨라서 끊겨 보이는 보간 사이에서 밸런스를 잡아야 하기 때문이다.

우리에게 필요한 건 자연스러워 보이고 미세 조정하지 않아도 제대로 동작하면서 플레이어 오브젝트의 원래 움직임을 유사하게 재현하는 방식이다. 우리의 개체를 보간하기 위해 앞에서 언급한 소스 게임 엔진에서 몇 가지 아이디어를 빌려보자.

보간의 개선

다음은 소스 게임 엔진에서 채용된 기법에서 영향을 받은 새로운 보간법의 동작 방식이다.

- 네트워크 상태를 받으면, 그것들을 버퍼링한다
- 각 네트워크 상태에는 네트워크 시간으로 시간이 기록된다
- 과거의 시간을 찾기 위해 시간에서 일정한 값을 뺀다(소스에서는 이 값의 기본 설정이 0.1이다. 따라서 개체들은 언제나 과거 10분의 1초 단위로 시간이 표시된다)
- 이 시간값의 양쪽에 대한 상태를 찾고, 둘 사이를 보간한다

그럼 시작해 보자.

우선, 네트워크 상태의 스냅샷을 저장하기 위해 몇 가지 종류의 구조체가 필요하다.

```
// 네트워크에서 받은 값의 스냅샷
private struct networkState
{
  public Vector3 Position;
  public double Timestamp;

  public networkState( Vector3 pos, double time )
  {
    this.Position = pos;
    this.Timestamp = time;
  }
}
```

이 값들 사이를 보간하기 위해 이 값들을 버퍼에 보관하려고 한다. 이 목적을 위해 배열을 이용한 방식에 주목한다. 좀 더 나은 성능을 위해 고정된 크기의 배열을 사용한

다(List를 사용하면, 내부적으로 List의 크기가 변경될 때마다 새로운 배열이 할당되므로, 가비지 컬렉션을 트리거하게 된다). 아울러 이 방식은 저장될 수 있는 상태의 개수에 엄격한 상한을 부여하게 될 것이다.

새로운 상태를 저장할 필요가 있을 때, 전체 배열을 오른쪽으로 시프트한다(즉, 인덱스 0의 요소가 1로 이동하고, 1은 2로 이동하는 식이다). 인덱스 19의 요소는 이동할 곳이 없으므로 삭제된다. 이어서 가장 최근의 상태를 인덱스 0에 삽입한다.

```
// 20개 네트워크 상태의 버퍼를 유지할 것이다
networkState[] stateBuffer = new networkState[ 20 ];
int stateCount = 0; // 상태가 기록된 개수
```

그리고 마지막으로, 변경을 손쉽게 하기 위해 보간이 얼마나 멀리까지 되돌아갈 수 있는지를 인스펙터 필드로 노출한다.

```
// 보간을 얼마나 멀리까지 되감을 것인가?

public float InterpolationBackTime = 0.1f;
```

네트워크에서 받은 상태를 버퍼링하기 위해 유용한 함수를 하나 만들어 보자. 이 함수는 처음에는 가장 최근 상태를 0에 저장하기 전까지 앞에서 언급한 대로 배열을 오른쪽으로 시프트한다. 그러다가 기록된 상태의 카운트를 최대값인 20(버퍼의 길이)까지 증가시킬 것이다. 이를 처리하기 위해 stateCount를 현재 상태 카운트 더하기 1이나 상태의 최대 개수 중에서 작은 쪽 값으로 설정한다.

```
// 새로운 상태를 버퍼에 저장한다
void bufferState( networkState state )
{
  // 새로운 상태를 수용하기 위해 버퍼 내용을 시프트한다
  for( int i = stateBuffer.Length - 1; i > 0; i-- )
  {
    stateBuffer[ i ] = stateBuffer[ i - 1 ];
  }

  // 상태를 슬롯 0에 저장한다
```

```
    stateBuffer[ 0 ] = state;

    // 상태 카운트를 증가시킨다
    stateCount = Mathf.Min( stateCount + 1, stateBuffer.Length );
}
```

다음으로, 네트워크에서 받은 상태를 버퍼링하도록 OnSerializeNetworkView 함수를
수정한다.

```
void OnSerializeNetworkView( BitStream stream, NetworkMessageInfo info )
{
  Vector3 position = Vector3.zero;
  if( stream.isWriting )
  {
    position = transform.position;
    stream.Serialize( ref position );
  }
  else
  {
    stream.Serialize( ref position );
    bufferState( new networkState( position, info.timestamp ) );
  }
}
```

마지막으로, 보간을 수행한다. 이 과정에서 과거의 시간값을 산출하기 위해 Network.
time에서 InterpolationBackTime을 빼고, 이 시간의 양쪽 끝에서의 상태를 찾아서,
시간 기준으로 두 값을 보간한다. 둘 사이를 보간하기에 상태가 충분하지 않다면, 그
냥 아무 것도 하지 않는다. 이 결과로 가끔씩 끊김이나 정지가 발생할 수 있지만, 이
런 현상은 피할 수 있는 방법이 사실상 존재하지 않으며, 거의 모든 멀티플레이어 게
임에서 나타난다.

```
void Update()
{
  if( networkView.isMine ) return; // 로컬 오브젝트에는 보간을 실행하지 않는다
  if( stateCount == 0 ) return; // 보간할 상태가 존재하지 않는다
```

```
double currentTime = Network.time;
double interpolationTime = currentTime - InterpolationBackTime;

// 가장 마지막 패킷이 보간 시간보다 최근이다
// - 보간할 패킷이 충분하다
if( stateBuffer[ 0 ].Timestamp > interpolationTime )
{
  for( int i = 0; i < stateCount; i++ )
  {
    // 네트워크 시간과 일치하는 가장 근접한 상태를 찾거나, 가장 오래된 상태를 사용한다
    if( stateBuffer[ i ].Timestamp <= interpolationTime || i ==
      stateCount - 1 )
    {
      // 네트워크 시간에 가장 근접한 상태
      networkState lhs = stateBuffer[ i ];

      // 한 슬롯 최근의 상태
      networkState rhs = stateBuffer[ Mathf.Max( i - 1, 0 ) ];

      // lhs와 rhs 사이의 시간을 이용해서 보간한다
      double length = rhs.Timestamp - lhs.Timestamp;
      float t = 0f;
      if( length > 0.0001 )
      {
        t = (float)( ( interpolationTime - lhs.Timestamp ) / length );
      }

      transform.position = Vector3.Lerp( lhs.Position, rhs.Position, t );
      break;
    }
  }
}
```

이번의 새로운 보간 기법으로 데모 게임을 테스트해 보면, 원격 플레이어가 전혀 끊김 없이 매우 부드럽고 완벽히 자연스럽게 움직일 것이다(빠른 진행의 슈팅 게임에서도 플레이어 움직임을 초당 과거 10개의 상태로 근접하게 재현할 수 있다). 하지만 아직도 한 가지

큰 문제가 남아 있는데, 플레이어가 자신의 플레이어 오브젝트에 대해 상당한 제어권을 가지고 있다는 점이다. 플레이어가 자신의 아바타에 대해 그토록 많은 제어권을 가지고 있기 때문에, 해커 커뮤니티에는 각양각색의 유명한 해킹 기법이 넘쳐난다. 그러한 해킹 기법 중 '노클리핑^{noclipping}'이라고 불리는 것이 있는데, 소스 게임 엔진의 개발자 명령을 본따서 이름 붙여진 것으로, 플레이어 오브젝트의 충돌을 모두 비활성화해서 그들이 유령처럼 맵을 날아다닐 수 있게 해준다. 또 다른 편법으로 N스테핑 ^{N-stepping}('ninja steeping'을 뜻한다) 또는 다른 이름으로 랙 스테핑^{lag-stepping}이라 불리는 것이 있는데, 임시로 인터넷 접속을 끊었다가 이동한 다음 다시 접속하는 방법이다. 그 결과로 플레이어가 인터넷에 재접속될 때(이 시점에 플레이어는 어느 정도 거리까지 이동했을 것이다)까지 일정한 시간 동안 이동 업데이트를 전혀 보내지 않기 때문에 순간 이동 현상이 일어난다. 일반적으로 스피드 핵 발견 프로그램은 랙이 걸린 플레이어들을 처리하지만, N스테핑과 정상적인 랙 간의 차이는 구별할 수 없기 때문에 이 기법은 손쉽게 스피드 핵 탐지를 우회할 수 있다.

이런 온갖 문제들을 해결하는 방법은 서버 권한 집중형 이동을 채용하는 것이다.

서버 권한 집중형 이동의 준비

시작하기에 앞서, 스크립트의 구조를 바꿔야 할 필요가 있다. Update 함수가 자동으로 호출되지 않고, 네트워킹 스크립트에 의해 호출되도록 변경하려고 한다. 시뮬레이션 스텝 처리의 정확한 순서를 직접적으로 제어하기 위해 이 작업이 필요하다. 이렇게 하지 않으면 십중팔구 동기가 맞지 않고 러버밴딩이 일어날 수 있다.

```
using UnityEngine;
using System.Collections;

public class Player : MonoBehaviour
{
  public float MoveSpeed = 5f;

  [System.NonSerialized]
  public float horizAxis = 0f;
```

```
[System.NonSerialized]
public float vertAxis = 0f;

void Update()
{
  if( networkView.isMine )
  {
    horizAxis = Input.GetAxis( "Horizontal" );
    vertAxis = Input.GetAxis( "Vertical" );
  }
}

public void Simulate()
{
  transform.Translate( new Vector3( horizAxis, 0, vertAxis ) *
    MoveSpeed * Time.fixedDeltaTime );
}
}
```

주목해야 할 사항이 몇 가지 있다. Update를 사용하는 대신, 이동 코드를 Simulation 함수(나중에 FixedUpdate에서 호출되는) 안으로 이동시켰다. 또한 임시 변수에 입력을 저장하도록 Update 함수를 변경시켰다. 여기에는 두 가지 이유가 있다. 우리는 매 프레임마다 입력 데이터를 수집할 것이다. 만일 Update의 매 인스턴스와 함께 입력을 전송한다면, 입력 처리는 프레임률에 상당히 의존하게 될 것이다. 즉, 정확히 같은 시간 동안 200FPS로 동작하는 게임에서는 200프레임의 입력이 서버에 전송되는 반면, 30FPS로 동작하는 게임에서는 30프레임이 서버로 전송될 것이다. 하지만, FixedUpdate는 초당 고정된 횟수만큼 실행되며 기본 설정값은 50이다. 우리 클라이언트는 프레임률과 상관없이 50프레임의 입력을 서버에 전송할 것이다. 추가로, FixedUpdate는 프레임률에 상관없이 변하지 않는 고정된 시간 증분값을 활용한다. 이렇게 하면 해킹될 가능성이 줄어든다. 반면, Update를 사용하면 서버가 동일한 움직임을 제대로 재현하게 하기 위해 서버에 프레임 증분값을 보내야 하며, 이는 클라이언트에서 상당히 높은 증분값을 설정하는 방법으로 순간이동을 가능하게 만든다.

이런 이유로 우리는 입력값은 Update에 저장하고 그것에 대한 동작은 Simulate 함수에서 처리한다. Input 클래스는 FixedUpate에서 바로 호출되면 제대로 동작하지 않으며, 많은 경우 버튼을 눌러도 무시될 것이다.

서버 권한 집중형 이동의 구현

필요한 대로 서버 구조를 변경했으므로, 이제 나머지 부분을 구현해 보자. 먼저, 이동 명령을 보관할 구조체를 생성한다.

```
// 서버로 전송될 이동 명령을 나타낸다
private struct move
{
  public float HorizontalAxis;
  public float VerticalAxis;
  public double Timestamp;

  public move( float horiz, float vert, double timestamp )
  {
    this.HorizontalAxis = horiz;
    this.VerticalAxis = vert;
    this.Timestamp = timestamp;
  }
}
```

클라이언트에서 보낸 이동 상태의 버퍼를 서버에 저장한다. 그리고 클라이언트와 서버의 Player 스크립트에 대한 참조를 보관한다.

```
// 클라이언트에서 서버로 전송된 이동 상태의 이력
List<move> moveHistory = new List<move>();

// 게임 오브젝트에 부착된 Player 스크립트에 대한 참조
Player playerScript;

// Player 컴포넌트를 얻는다
void Start()
```

```
{
  playerScript = GetComponent<Player>();
}
```

이제, FixedUpdate 내에서 현재 이동 상태를 구해서 버퍼링하고 Simulate 함수를 호출한 다음, 이동 상태와 최종적인 위치를 서버에 전송한다. 이 부분은 클라이언트에서 실행된다.

```
void FixedUpdate()
{
  if( networkView.isMine )
  {
    // 현재 이동 상태를 구한다
    move moveState = new move( playerScript.horizAxis,
      playerScript.vertAxis, Network.time );

    // 이동 상태를 버퍼링한다
    moveHistory.Insert( 0, moveState );

    // 이력의 최대 한도를 200으로 설정한다
    if( moveHistory.Count > 200 )
    {
      moveHistory.RemoveAt( moveHistory.Count - 1 );
    }

    // 시뮬레이션한다
    playerScript.Simulate();

    // 상태를 서버로 전송한다
    networkView.RPC( "ProcessInput", RPCMode.Server,
      moveState.HorizontalAxis, moveState.VerticalAxis, transform.position );
  }
}
```

서버에서는 플레이어를 시뮬레이션한 다음, 최종 위치를 플레이어가 전송한 위치와 비교한다. 플레이어가 전송한 위치가 서버에서 계산된 위치와 지나치게 떨어져 있다

256

면, 상태를 보정하라는 메시지가 클라이언트로 전송된다.

```
[RPC]
void ProcessInput( float horizAxis, float vertAxis, Vector3
  position, NetworkMessageInfo info )
{
  if( networkView.isMine )
    return;
  if( !Network.isServer )
    return;

  // 입력을 실행한다
  playerScript.horizAxis = horizAxis;
  playerScript.vertAxis = vertAxis;
  playerScript.Simulate();

  // 결과를 비교한다
  if( Vector3.Distance( transform.position, position ) > 0.1f )
  {
    // 오류가 지나치게 크면, 클라이언트에게 되돌아가서 다시 처리하라고 알려준다
    networkView.RPC( "CorrectState", info.sender,
      transform.position );
  }
}
```

마지막으로, 클라이언트는 이러한 CorrectState 메시지를 받으면, 정확한 위치로 되돌아가서 그 지점으로부터 현재 시간까지의 모든 입력을 다시 처리한다.

```
[RPC]
void CorrectState( Vector3 correctPosition, NetworkMessageInfo info )
{
  // 타임 스탬프 기준으로 과거 상태를 찾는다
  int pastState = 0;
  for( int i = 0; i < moveHistory.Count; i++ )
  {
    if( moveHistory[ i ].Timestamp <= info.timestamp )
    {
```

```
      pastState = i;
      break;
    }
  }

  // 되감는다
  transform.position = correctPosition;
  // 다시 처리한다
  for( int i = pastState; i >= 0; i-- )
  {
    playerScript.horizAxis = moveHistory[ i ].HorizontalAxis;
    playerScript.vertAxis = moveHistory[ i ].VerticalAxis;
    playerScript.Simulate();
  }

  // 비운다
  moveHistory.Clear();
}
```

하지만, 아직 끝나지 않았다. 우리의 클라이언트는 보정되지 않은 위치를 서버가 아닌 다른 클라이언트에게 여전히 전송하고 있다. 유니티 네트워킹에서 완전한 서버 권한 집중을 구현하려면, RPC를 위해서 `OnSerialize` 함수를 폐기해야 한다. 곤란하게도, 이는 우리의 네트워킹 시스템 전체가 신뢰성 있는 메시지에 의존해야 한다는 뜻이다. 이 책에서 다뤄진 네트워크 라이브러리들은 신뢰성 없는 RPC를 지원하지 않는 관계로 이런 스타일의 네트워킹에 적합하지 않지만, 이 예제에서 개념을 전달하는 데는 유니티 네트워킹으로도 충분할 것이다. 상용 게임에는 신뢰성 없는 메시지를 지원하는 유링크[uLink]나 티넷[TNet] 같은 유사한 대안들이 좀 더 적합할 것이다. 따라서, `OnSerializeNetworkView`를 활용하는 대신에, 새로운 RPC `netUpdate`를 만들 계획이다. 이를 통해서 상태 정보를 클라이언트에게 브로드캐스트하려고 한다.

```
[RPC]
void netUpdate( Vector3 position, NetworkMessageInfo info )
{
  if( !networkView.isMine )
  {
```

```
    bufferState( new networkState( position, info.timestamp ) );
  }
}
```

그리고, Update 함수에서 이것을 초당 10회 브로드캐스트한다.

```
private float updateTimer = 0f;
void Update()
{
  // 서버라면 위치 업데이트를 1/10초마다 전송한다
  updateTimer += Time.deltaTime;
  if( updateTimer >= 0.1f )
  {
    updateTimer = 0f;
    networkView.RPC( "netUpdate" RPCMode.Others, transform.position );
  }

  // [snip]
}
```

이로써, 우리의 네트워킹 시스템은 클라이언트 랙이 없는 완전한 서버 권한 집중형이
됐으며, 거의 대부분의 경우 러버밴딩이 전혀 일어나지 않을 것이다.

해킹에 대한 참고사항

해킹을 방지하기 위해 여기에 몇 가지 개선 사항을 적용할 수 있다. 일례로, 현재는
사용자가 입력을 보낼 때 즉각적으로 서버가 시뮬레이션을 실행한다. 빠른 속도로 입
력을 보내기만 해도 이 시스템을 해킹할 수 있다.

이동 명령 대기열을 통해서 FixedUpdate에서 한 번에 하나씩 처리되게 하는 방식으
로, 서버가 고정된 주기로 입력을 처리하도록 수정될 수 있다. 사용자 입력을 처리하
는 데 있어서 서버가 뒤처지지 않도록 주의를 기울여야 할 것이다.

또한 서버에서 마지막으로 처리된 사용자 메시지를 보관해 놓았다가, 새로운 메시지
가 수신되면 타임스탬프를 비교해서 타임스탬프가 지나치게 서로 가까운 경우, 새로

운 메시지를 폐기하게 할 수 있다. 이 방식 역시 사용자가 메시지와 함께 전송되는 타임스탬프를 조작한다면 악용될 가능성이 있다. 타임스탬프가 특정 임계값(예를 들어, 수 초)보다 이전일 수 없거나, 현재 시간보다 더 이후(물리적으로 불가능)가 되지 않도록 제한을 부여할 수도 있다. 추가로, 마지막 메시지의 타임스탬프를 기록하고 마지막 메시지보다 이전의 메시지는 자동으로 폐기되게 할 수 있다. 이렇게 하면 해커가 타임스탬프를 조작할 수 있는 시간이 대폭 줄어들게 되고, 해당 시간이 경과되면 해킹의 기회가 사라지게 된다.

요약

이번 장에서는 유명 게임에서 사용되는 개념들을 응용해서, 랙의 영향을 숨김으로써 전반적인 게임 경험을 향상시키는 방법을 배웠다. 효과적인 개체 보간법을 응용해서 개체의 이동을 부드럽게 만들고 플레이어의 원래 동작을 충실히 재현했다. 이어서 예제 코드를 수정해서 해킹이 발붙일 수 없는 게임을 만들기 위해 서버 권한 집중형 시뮬레이션을 적용했으며, 거의 러버밴딩이 전혀 일어나지 않는 클라이언트 사이드 입력 예측을 적용했다.

이런 개념들은 클라이언트 서버 직접 접속을 활용해서 서버가 게임 상태를 시뮬레이션하는 게임, 그리고 전송 메시지로 신뢰성 없는 메시지의 활용을 허용하는 네트워킹 시스템에 특히 잘 어울린다.

다음 장에서는, 서버 권한 집중형 총격 게임에서 예측 사격의 필요성을 없애주는 간단한 방법인 명중 탐지hitbox 되감기에 대해 다뤄보겠다.

7
서버 사이드 명중 탐지

많은 멀티플레이어 게임이 총격을 기반으로 하며, 앞으로도 그런 게임들은 많이 출시될 것이다. 그런 게임들은 모두 누가 누군가를 향해 총을 쏘고, 누가 맞고 죽는지에 대해서 항상 동기화할 수 있는 방법을 필요로 한다. 이 문제를 해결하는 방법에는 여러 가지가 있다.

가장 뻔한 해결책은 단순히 플레이어 클라이언트가 데미지 메시지를 보내게 하는 것이다. 플레이어가 누군가를 맞추면, 데미지 메시지를 서버로 전송한다. 서버는 해당하는 플레이어에게 데미지를 입히도록 처리한다. 이런 설계에는 누구나 알 수 있는 중대한 오류가 있다. 플레이어가 게임을 해킹할 수 있고 해킹하리라는 것이다. 이용할 수 있는 클라이언트 사이드 해킹 프로그램이 얼마나 많은지는 정말 놀라울 정도다. 서버에 메시지를 전송하는 프로그램에서부터, 클라이언트에서 바로 변수들을 수정하는 프로그램까지 각양각색이다. 플레이어는 어떤 플레이어에게 얼마만큼의 데미지를 입힐지 등을 간단히 설정할 수 있다. 데미지 메시지를 서버가 아닌 클라이언트에서 처리한다면 상황은 더욱 악화되는데, 거의 식은 죽 먹기로 클라이언트가 자신을 무적으로 만들 수 있기 때문이다.

클라이언트는 결코 신뢰해서는 안 되며, 그렇지 않을 경우 우리 게임은 사기꾼과 해커들로 금세 난장판이 될 것이다. 명확한 해결책은 서버가 이 모든 것들, 즉 데미지와 체력, 자체적인 명중 탐지 등을 처리하게 하는 것이다. 클라이언트는 입력을 서버로 전송하는 것 외에는 서버의 처리에서 거의 아무런 역할도 담당하지 않는다(우리는 이전 장과 동일한 방법으로 입력을 서버로 전송하게 할 텐데, 이 경우에는 발사 버튼의 상태값이다).

이런 기법에는 한 가지 문제가 있는데, 실제로 많은 게임들이 이 문제를 가지고 있다. 플레이어가 버튼 다운 메시지를 서버에 보내면, 메시지가 서버에 도달할 때까지 약간의 시간이 소요된다는 점이다. 메시지가 도착할 쯤이면 플레이어가 노리던 표적은 움직였을 것이며, 경우에 따라 총격 방향에서 사라졌을 수도 있다. 이 때문에 많은 게임에서 표적이 움직일 경우에 이동 방향의 앞쪽으로 예측 사격을 해야 한다.

이 문제를 해결하기 위해, 개체 되감기^{rewinding}란 것을 구현하려고 한다. 개체 되감기에는 개체의 네트워크 상태를 모두 저장하는 일이 포함되는데, 이전 장에서 매우 유사한 작업을 처리했기 때문에 아마도 이제는 익숙하리라 생각한다. 플레이어가 무기를 발사하려고 시도할 때, 서버는 실제로 해당 플레이어의 핑을 기준으로 모든 개체의 네트워크 상태를 되돌리고, 레이캐스트^{raycast}를 수행한 다음, 모든 개체의 네트워크 상태를 원상 복구한다. 근본적으로 서버에서 시간을 되돌리는 이유는 플레이어가 메시지를 보낼 시점에(서버에 도달하기 전에) 각 개체가 어디에 위치했는지를 파악하기 위해서다. 이렇게 하면 플레이어는 어떤 식의 예측도 할 필요 없이 의도하는 표적을 조준할 수 있다.

클라이언트 사이드 vs 서버 사이드 명중 탐지

클라이언트 사이드와 서버 사이드의 명중 탐지가 어떻게 다른지 살펴보자. 클라이언트 사이드 명중 탐지에서는, 클라이언트에서 명중 탐지를 수행하고 서버에 보낼 데미지 메시지를 직접 발생시킨다. 예를 들면 다음과 같다.

```
using UnityEngine;
using System.Collections;

public class WeaponScript : MonoBehaviour
{
  public float Damage = 10f;
  public LayerMask HitLayers;
```

```
public void Fire()
{
  RaycastHit hit;
  if( Physics.Raycast( transform.position, transform.forward,
    out hit, 100f, HitLayers ) )
  {
    // 오브젝트에 대한 스크립트는 RPC를 생성시켜서 이를 처리할 수 있다
    hit.collider.SendMessage( "TakeDamage", Damage,
      SendMessageOptions.DontRequireReceiver );
  }
}
}
```

이 코드는 매우 짧고 간단하며, 엄청나게 이해하기 쉽다. 하지만, 동시에 엄청나게 해킹에 취약하기도 하다. 플레이어는 데미지 메시지를 간단히 조작해서 원하는 누구에게든지 데미지 메시지를 보낼 수 있으며, 데미지양까지 원하는 대로 간단히 수정할 수 있다. 이 문제를 해결하려면 플레이어가 명중시킨 사람이 누구이고, 얼마나 많은 데미지를 입혔는지를 서버가 독자적으로 파악하도록 만들어야 한다.

단순한 서버 사이드 명중 탐지 코드는 어떻게 구현할지 살펴보자.

```
using UnityEngine;
using System.Collections;

public class WeaponScript : MonoBehaviour
{
  public float Damage = 10f;
  public LayerMask HitLayers;

  public void Fire()
  {
    // 서버에게 명중 탐지를 수행하라고 알려준다
    networkView.RPC( "serverDoFire", RPCMode.Server );
  }

  [RPC]
  public void serverDoFire()
```

```
  {
    RaycastHit hit;
    if( Physics.Raycast( transform.position, transform.forward,
      out hit, 100f, HitLayers ) )
    {
      // 오브젝트에 대한 스크립트는 RPC를 생성시켜서 이를 처리할 수 있다
      hit.collider.SendMessage( "TakeDamage", Damage,
        SendMessageOptions.DontRequireReceiver );
    }
  }
}
```

거의 똑같은 코드지만, 명중 탐지가 RPC 안으로 옮겨졌다는 점과 무기가 발사될 때
이 RPC가 서버에서 수행된다는 점이 달라졌다. 이렇게 하면 플레이어는 서버에게 자
신이 무기를 발사했다는 사실만 알릴 뿐 명중 탐지, 데미지, 사망 등 나머지를 전부
서버에 처리하기 때문에 해킹이 훨씬 어려워진다.

이 방식에는 표적 예측이 필요해지는 부작용이 있으며, 이 문제는 지연이 증가되면
악화된다.

예를 들어, 플레이어 A가 앞으로 달려가면서 플레이어 B를 향해 총격을 했다고 가정
해 보자. 대략적으로 클라이언트와 서버에서 보이는 장면은 다음과 같다.

이 시점에 플레이어 A는 발사 메시지를 서버에 전송한다. 극단적인 경우를 예로 들
어 이 메시지가 서버에 도착하는 데 1초가 걸린다고 가정해 보자(물론, 수분의 1초 이상
걸리는 경우는 매우 드물지만, 그래도 그에 따른 영향은 두드러지게 나타난다). 메시지가 서버에
도착할 즈음에, 서버에서 보이는 상황은 다음과 같을 것이다.

서버가 이 시점에 명중 탐지를 실시하면 플레이어 B를 완전히 빗나가게 될 것이며, 충분히 이해되는 상황이긴 하지만 플레이어 A 입장에서는 좌절스러운 상황이다. 이로 인해 그는 게임을 그만둘 수도 있고 플레이어 B가 해킹했다고 문제를 제기할 수도 있다.

가상의 되감기 함수를 호출하도록 다음과 같이 명중 탐지 함수를 수정해 보자.

```
[RPC]
public void serverDoFire( NetworkMessageInfo info )
{
  // 이 메시지가 전송된 것은 얼마 전이었는가?
  double timeDiff = Network.time - info.timestamp;
  // 네트워크 개체를 되돌린다
  EntityRewinder.Rewind( timeDiff );

  // 명중 탐지를 수행한다
  RaycastHit hit;
  if( Physics.Raycast( transform.position, transform.forward, out
    hit, 100f, HitLayers ) )
  {
      // 오브젝트에 대한 스크립트는 RPC를 생성시켜서 이를 처리할 수 있다
      hit.collider.SendMessage( "TakeDamage", Damage,
        SendMessageOptions.DontRequireReceiver );
  }
  // 네트워크 개체를 원상 복구한다
  EntityRewinder.Restore();
}
```

이 코드를 통해 얼마 전에 클라이언트가 이 메시지를 전송했는지를 초 단위로 계산할 수 있다. 이어서 메시지가 전송된 시점에 있었던 장소로 모든 개체를 되돌린 다음, 명중 탐지를 수행한다. 마지막으로, 모든 개체를 현재 상태로 원상 복구한다. 이렇게 하면, 플레이어는 표적을 예측할 필요가 없으며, 그 결과로 전반적으로 게임이 좀 더 자연스럽게 느껴질 것이다.

테스트베드 제작

되감기 시스템을 개발하기에 앞서, 기반이 될 게임이 필요하다. 이를 위해서, 간단한 1인칭 슈팅 게임(유니티에는 미리 만들어진 1인칭 컨트롤러 애셋이 포함되어 있다)을 만들어 보자. 플레이어가 클릭해서 발사하면 표적에 10의 데미지를 입히게 된다. 100이상의 데미지를 입으면 해당 플레이어는 대전에서 빠지게 된다.

우선은 빈 프로젝트에서 시작해 보자. 캐릭터 컨트롤러 패키지(Assets ➤ Import Package ➤ Character Controller)를 불러들인다. 여기에는 1인칭 캐릭터 컨트롤러 프리팹(Standard Assets ➤ Character Controllers ➤ First Person Controller)이 포함되어 있다.

이 프리팹을 씬으로 드래그한다. 추가로 캐릭터가 서 있을 평면을 하나 생성한다(여러 플레이어가 뛰어다닐 수 있도록 충분히 크게 만들어야 한다).

첫 번째로 할 일은 네트워크에 접속된 플레이어를 위한 스크립트를 작성하는 것이다. 데모 목적이기 때문에, 매우 간단한 보간 기법을 이용할 계획이다.

우선 기반 스크립트를 살펴보자. 여기에서는 `Start`, `Update`, `OnSerializeNetworkView` 3개 함수만 필요하다.

```
using UnityEngine;
```

266

```
using System.Collections;

public class NetworkPlayer : MonoBehaviour
{
  private Transform camTransform;

  private Vector3 lastReceivedPos;
  private Quaternion lastReceivedRot;
  private Quaternion lastReceivedCamRot;

  void Start()
  {
  }

  void Update()
  {
  }

  void OnSerializeNetworkView( BitStream stream,
    NetworkMessageInfo info )
  {
  }
}
```

Start 내에서 카메라 트랜스폼에 대한 참조를 구하고, 해당 플레이어가 로컬인지 원격인지에 따라 필요한 대로 스크립트를 비활성화한다.

```
void Start()
{
  // 카메라 트랜스폼을 구한다
  camTransform = GetComponentInChildren<Camera>().transform;

  // 로컬 플레이어에게 소속된 것이 아니라면, 입력과 카메라를 비활성화한다
  if( !networkView.isMine )
  {
    GetComponent<FPSInputController>().enabled = false;
    camTransform.camera.enabled = false;
```

```
    }
}
```

OnSerializeNetworkView 내에서는 플레이어의 위치, 플레이어의 회전값, 카메라의
회전값을 직렬화한다.

```
void OnSerializeNetworkView( BitStream stream, NetworkMessageInfo info )
{
  if( stream.isWriting )
  {
    // 위치와 회전값을 직렬화한다
    Vector3 position = transform.position;
    Quaternion rotation = transform.rotation;
    Quaternion camRotation = camTransform.localRotation;

    stream.Serialize( ref position );
    stream.Serialize( ref rotation );
    stream.Serialize( ref camRotation );
  }
  else
  {
    // 위치와 회전값의 직렬화를 해제한다
    Vector3 position = Vector3.zero;
    Quaternion rotation = Quaternion.identity;
    Quaternion camRotation = Quaternion.identity;

    stream.Serialize( ref position );
    stream.Serialize( ref rotation );
    stream.Serialize( ref camRotation );

    // 보간될 값들을 저장한다
    lastReceivedPos = position;
    lastReceivedRot = rotation;
    lastReceivedCamRot = camRotation;
  }
}
```

마지막으로, Update에서 네트워크를 통해 수신된 값들 쪽으로 보간할 것이다.

```
void Update()
{
  // 마지막으로 수신된 네트워크 상태 쪽으로 보간한다
  if( !networkView.isMine )
  {
    transform.position = Vector3.Lerp( transform.position,
      lastReceivedPos, Time.deltaTime * 10f );
    transform.rotation = Quaternion.Slerp( transform.rotation,
      lastReceivedRot, Time.deltaTime * 10f );
    camTransform.localRotation = Quaternion.Slerp(
      camTransform.localRotation, lastReceivedCamRot,
      Time.deltaTime * 10f );
  }
}
```

이제 이 코드를 통해 서버는 명중 탐지 수행에 충분한 정보를 갖게 됐다. 플레이어의 위치, 플레이어의 방향, 플레이어의 시선 방향(카메라 회전값)이 그것이다.

다음으로 무기에 필요한 기반 스크립트를 만들어 보자. 이 스크립트는 앞에서 처음으로 소개한 단순한 무기 스크립트와 같은 역할을 한다.

```
using UnityEngine;
using System.Collections;

public class WeaponScript : MonoBehaviour
{
  public float Damage = 10f;

  public LayerMask HitLayers = ~0;
  // 참고: ~[물결모양]은 단항 보수 연산자로
  // 기본적으로 입력값의 모든 비트를 뒤집는다
  // LayerMask는 내부적으로는 실제로 각 비트가 하나의 레이어를 나타내는
  // 비트마스크이다 - 활성화된 각 비트에는 마스크 내의 주어진
  // 레이어가 포함된다(32레이어가 있는 이유는 정수에 32비트가 있기 때문)
  // 숫자 0으로 모든 비트가 0인, 아무런 비트도 켜지지 않은 0은
```

```
// 빈 레이어마스크를 의미한다
// ~0은 그 반대로, 모든 비트가 켜진 것이다(int.MaxValue와 같은 값)
// 이것은 "Everything" 레이어마스크와 동일하다

void Update()
{
  // 로컬 네트워크 뷰이고, 사용자가 마우스 왼쪽 버튼을
  // 누른다면, Fire 함수를 호출한다
  if( networkView.isMine && Input.GetMouseButtonDown( 0 ) )
  {
    Fire();
  }
}

void Fire()
{
  RaycastHit hit;
  if( Physics.Raycast( transform.position, transform.forward,
    out hit, 100f, HitLayers ) )
  {
    // 오브젝트에 대한 스크립트가 데미지 피해를 처리하게 한다
    hit.collider.SendMessage( "TakeDamage", Damage,
      SendMessageOptions.DontRequireReceiver );
  }
}
}
```

카메라에 대해서도 동일한 작업을 진행한다(카메라에도 역시 네트워크 뷰를 부착해야 할 것이다).

그리고 데미지 컴포넌트도 제작해야 한다.

```
using UnityEngine;
using System.Collections;

public class Damage : MonoBehaviour
{
```

```
public float Health = 100f;

void TakeDamage( float damage )
{
  if( !Network.isServer )
  {
    // RPC를 서버에 전송한다
    networkView.RPC( "serverTakeDamage", RPCMode.Server, damage );
  }
  else
  {
    // 참고: 서버에서 '자신에게로' 전송된 RPCMode.Server를 가진
    // RPC들은 동작하지 않고, 그냥 조용히 실패할 것이다
    // 따라서, 이 방법 대신 수동으로 함수를 호출한다
    serverTakeDamage( damage );
  }
}
[RPC]
void serverTakeDamage( float damage )
{
  // 플레이어가 이미 죽지 않았는지 확인한다
  if( Health <= 0 ) return;

  // 체력에서 데미지를 뺀다
  Health -= damage;
  // 플레이어가 죽었는지 체크한다
  if( Health <= 0f )
  {
    // 플레이어가 죽었다면 게임에서 퇴출된다
    Network.CloseConnection( networkView.owner, true );
  }
}
}
```

이 컴포넌트는 TakeDamage 메시지를 받을 때마다 Health(체력값)에서 데미지값을 빼라는 메시지를 서버에 전송한다. Health가 0이 되면, 플레이어는 게임에서 퇴출된다.

마지막으로, 플레이어 등장 스크립트를 만들어 보자.

```
using UnityEngine;
using System.Collections;

public class SpawnScript : MonoBehaviour
{
  public GameObject PlayerObject;
  void Start()
  {
    // 플레이어 오브젝트를 등장시킨다
    Network.Instantiate( PlayerObject, transform.position,
      transform.rotation, 0 );
  }
}
```

이 스크립트를 씬 내의 빈 게임 오브젝트에 부착시키고, 플레이어 프리팹을 PlayerObject 슬롯 위로 드래그한다.

이 데모에서 메인 메뉴 만드는 방법은 다루지 않겠다. 예제 코드가 필요하면 1장, '유니티 네트워킹: 퐁 게임'을 참고하기 바란다.

이로써, 완전한 기능의 테스트베드를 갖추게 됐다. 이제 이 테스트베드를 수정해서 서버 사이드 명중 탐지를 추가해 보자.

명중 탐지를 서버로 이전하기

첫 번째로 처리해야 할 일은 레이캐스트 함수를 서버로 이전하는 것이다.

이에 대해서는 이미 만들어진 솔루션이 있다. Fire 함수를 직접 호출하는 대신 RPC로 처리하고, RPC를 브로드캐스트하면 된다.

우선, Fire 함수를 다음과 같이 수정한다.

[RPC]
```
void Fire()
```

```
{
  // 이 코드는 서버/호스트를 제외한 다른 기기에서는 절대로 실행되지 말아야 한다
  if( !Network.isServer )
    return;

  RaycastHit hit;
  if( Physics.Raycast( transform.position, transform.forward, out
    hit, 100f, HitLayers ) )
  {
    // 오브젝트에 대한 스크립트가 데미지 피해를 처리하게 한다
    hit.collider.SendMessage( "TakeDamage", Damage,
      SendMessageOptions.DontRequireReceiver );
  }
}
```

그 다음 Fire 함수를 직접 호출하는 대신, 그것을 호출할 RPC를 전송한다.

```
void Update()
{
  if( networkView.isMine && Input.GetMouseButtonDown( 0 ) )
  {
    // 서버라면 함수를 바로 호출한다
    // 서버는 RPCMode.Server를 이용할 수 없으므로,
    // RPC가 누락된다는 점에 유의한다
    // 그러므로 메소드를 직접 호출해야 한다
    if( Network.isServer ) Fire();
    else networkView.RPC( "Fire" RPCMode.Server );
  }
}
```

마지막으로, 새롭게 변경된 내용에 맞게 Damage를 수정해야 한다. 클라이언트가 더 이상 데미지를 서버로 전송하지 않는다는 점에 유의한다. 따라서 RPC가 반대로 동작하도록 수정해야 한다. 즉, 클라이언트가 서버로 보내는 대신, 이제는 서버가 클라이언트로 보내야 한다.

상당히 큰 변화이기 때문에 컴포넌트를 완전히 새로 작성하는 편이 낫다.

```
using UnityEngine;
using System.Collections;
public class Damage : MonoBehaviour
{
  public float Health = 100f;
  void TakeDamage( float damage )
  {
    // 이 코드는 서버에서만 실행돼야 한다
    if( !Network.isServer )
      return;
    // 프레임당 TakeDamage를 여러 번 호출할 계획이라면
    // (예를 들어, 샷건 타입의 무기라면 이런 결과가 빈번히
    // 일어날 것이다), 중요한 부분이다 - 사망 코드가 여러 번
    // 트리거되지 않도록, 개체가 해당 프레임에서 이미 사망했는지 확인한다
    if( Health <= 0 ) return;
    // 체력에서 데미지를 뺀다
    Health -= damage;
    // 플레이어가 죽었는지 체크한다
    if( Health <= 0 )
    {
      // 플레이어가 음의 체력치를 가지는 것은 이상해 보이므로
      // 0으로 고정한다
      Health = 0;
      // 플레이어가 죽으면 게임에서 퇴출시킨다
      Network.CloseConnection( networkView.owner, true );
    }
    // 클라이언트에게 새로운 체력값에 대해 알려준다
    networkView.RPC( "setHealth" RPCMode.Others, Health );
  }
  [RPC]
  void setHealth( float health )
  {
    Health = health;
  }
}
```

이제는 체력의 변화값이 아니라 체력값 전체를 클라이언트로 전송한다는 점에 유의한다. 이렇게 하면 클라이언트가 부정확한 체력값을 가질 염려가 사라진다.

이로써 우리의 명중 탐지는 완전한 서버 권한 집중형이 됐다. 이는 플레이어가 이전처럼 시스템을 해킹할 수 없게 됐다는 뜻이다. 하지만, 발사 메시지가 서버에 도달하는 데 시간이 소요되고, 이 시간 동안 사격 표적이 이동할 가능성이 있기 때문에 표적 예측 문제는 여전히 남아 있다.

개체 되감기

이 문제를 해결하기 위해서는 모든 네트워크 상태를 갱신할 때, 개체의 상태를 저장해야 한다. 개체 되감기가 필요한 시점이 되면, 표적 과거 시간의 양쪽 끝에 대한 두 상태를 찾아서 이 둘 사이를 보간한다. 이 기법은 실제로 이전 장에서 작성한 개체 보간 코드와 많은 점에서 유사성이 있으며, 부분적으로는 동일한 코드 일부를 재사용할 수 있다.

우선, 우리의 네트워크 플레이어 클래스 안에서 네트워크 상태를 저장할 새로운 구조체를 생성해 보자.

```
private struct networkState
{
  public Vector3 Position;
  public Vector3 Rotation;
  public Vector3 CamRotation;
  public double Timestamp;
}
```

이전 장에서와 마찬가지로 배열을 이용해서 이런 상태들에 대한 버퍼를 보관한다.

```
private networkState[] stateBuffer = new networkState[20];
private int stateCount = 0;
```

상태를 저장하기 위해, 상태 카운트를 증가시키면서 상태를 시프트하고 0에 상태를 삽입한다.

```
void bufferState( networkState state )
{
  // 상태를 시프트한다
  // 인덱스 0의 상태는 인덱스 1로 옮겨지고, 1은 2로 옮겨지는 식이다
  // 인덱스 20의 상태는 삭제된다
  for( int i = stateBuffer.Length - 1; i > 0; i-- )
  {
    stateBuffer[i] = stateBuffer[i-1];
  }
  // 최선의 상태를 0에 삽입한다
  stateBuffer[0] = state;
  // 상태 카운트를 최대 20까지 증가시킨다
  stateCount = Mathf.Max( stateBuffer.Length, stateCount + 1 );
}
```

네트워크에서 상태 업데이트를 받을 때마다 이런 상태를 저장한다.

```
void OnSerializeNetworkView( BitStream stream, NetworkMessageInfo info )
{
  if( stream.isWriting )
  {
    // 위치와 회전값을 직렬화한다
    Vector3 position = transform.position;
    Quaternion rotation = transform.rotation;
    Quaternion camRotation = camTransform.localRotation;

    stream.Serialize( ref position );
    stream.Serialize( ref rotation );
    stream.Serialize( ref camRotation );
  }
  else
  {
    // 위치화 회전값의 직렬화를 해제한다
    Vector3 position = Vector3.zero;
    Quaternion rotation = Quaternion.identity;
    Quaternion camRotation = Quaternion.identity;
```

```
        stream.Serialize( ref position );
        stream.Serialize( ref rotation );
        stream.Serialize( ref camRotation );

        // 보간될 값들을 저장한다
        lastReceivedPos = position;
        lastReceivedRot = rotation;
        lastReceivedCamRot = camRotation;

        // 네트워크 상태를 버퍼링한다
        networkState state = new networkState();
        state.Position = position;
        state.Rotation = rotation;
        state.CamRotation = camRotation;
        state.Timestamp = info.timestamp;
        bufferState( state );
    }
}
```

다음으로 필요한 함수 두 개를 만들려고 한다. Rewind 함수는 현재 상태를 임시 저장했다가 과거 상태로 되돌리고, Restore 함수는 Rewind에 저장되어 있는 상태로 원상 복구시킨다.

```
private Vector3 lastPosition;
private Quaternion lastRotation;
private Quaternion lastCamRotation;
public void Rewind( double timestamp )
{
    // 주어진 시간상의 위치로 되돌리려고 하는데,
    // 보통 이 값은 네트워크 메시지의 타임스탬프 값이다

    // 우선, 현재 상태를 임시 저장한다.
    // 되감기를 '복구'하려고 할 때 이 값들이 필요하다
    lastPosition = transform.position;
    lastRotation = transform.rotation;
    lastCamRotation = camTransform.localRotation;
```

```
// 되감기를 제대로 수행할 수 있을 만큼 저장된 상태가 충분한지 체크한다
// 그렇지 않다면 돌아간다
if( stateCount <= 1 ) return;

// 타임스탬프값보다 이전의 패킷이 있는지 확인한다
// 그렇지 않다면 우리가 가진 범위로 타임스탬프를 고정한다
if( stateBuffer[stateCount-1].Timestamp > timestamp ) timestamp
  = stateBuffer[stateCount-1].Timestamp;

// 목표 타임스탬프 양쪽 끝의 네트워크 상태
networkState lhs = new networkState(), rhs = lhs;

// 타임스탬프로 되감기 목표 시간인 첫 번째 상태와 함께
// 바로 다음 상태를 찾는다
for( int i = 0; i < stateCount; i++ )
{
  // 주어진 타임스탬프값보다 이전 상태인가?
  if( stateBuffer[i].Timestamp <= timestamp )
  {
    // 우리가 가진 가장 최근의 상태가 이미 목표 타임스탬프보다
    // 이전이라면, 제대로 되감기를 제공하기에는 정보가 불충분하기 때문에,
    // 되감기를 취소한다
    if( i == 0 )
      return;
    // 보간 대상인 상태와 그 다음 상태를 저장한다
    lhs = stateBuffer[i];
    rhs = stateBuffer[i-1];
    break;
  }
}

// 각 패킷 사이의 전체 시간 차이를 계산한다
// 이 값을 이용해서 보간에 활용한
// 0과 1 사이의 정규화된 시간값을 계산한다
double interpLen = rhs.Timestamp - lhs.Timestamp;

// 첫 번째 패킷과 목표 타임스탬프 사이의
```

```
  // 시간 차이를 계산한다
  double diff = timestamp - lhs.Timestamp;

  // diff는 0(첫 번째 패킷의 타임스탬프와 같은 경우)과
  // 'interpLen'(두 번째 패킷의 타임스탬프와 같은 경우) 사이의
  // 범위가 될 것이다
  // 이 값을 'interpLen'으로 나누면
  // 0과 1사이의 값이 나올 것이다
  double t = diff / interpLen;

  // 두 패킷 사이를 보간한다
  transform.position = Vector3.Lerp( lhs.Position, rhs.Position, t );
  transform.rotation = Quaternion.Slerp( lhs.Rotation, rhs.Rotation, t );
  camTransform.localRotation = Quaternion.Slerp( lhs.CamRotation,
    rhs.CamRotation, t );
}


void Restore()
{
  // Rewind에 저장된 상태로 플레이어를 원상 복구한다
  transform.position = lastPosition;
  transform.rotation = lastRotation;
  camTransform.localRotation = lastCamRotation;
}
```

이로써 단일 개체를 되감고 원상 복구할 수 있게 됐다. 하지만, 이 과정을 전체 개체에 대해 동시에 처리해야 한다.

이를 위해서 등장된 플레이어 전체를 보관하는 정적 List를 생성해야 한다.

```
// 현재 등장된 모든 플레이어들의 목록
private static List<NetworkPlayer> players = new
  List<NetworkPlayer>();
```

Awake에서는 개체를 목록에 추가하고, OnDestrory에서는 목록에서 제거한다.

```
void Awake()
```

```
{
  // 플레이어를 정적 목록에 등록한다
  players.Add( this );
}

void OnDestroy()
{
  // 플레이어를 정적 목록에서 제거한다
  players.Remove( this );
}
```

이로써 해당 처리를 모든 플레이어에 대해 수행할 수 있는 Rewind와 Restore 메소드의 정적 버전을 만들 수 있게 됐다.

```
public static void RewindAll( double time )
{
  // 해당 플레이어를 주어진 시간상 위치로 되돌리기 위한
  // Rewind 함수 호출을 각각의 플레이어에 대해 반복한다
  foreach( NetworkPlayer player in players )
  {
    player.Rewind( time );
  }
}

public static void RestoreAll()
{
  // 해당 플레이어를 현재 네트워크 상태로 원상 복구시키기 위한
  // Restore 함수 호출을 각각의 플레이어에 대해 반복한다
  foreach( NetworkPlayer player in players )
  {
    player.Restore();
  }
}
```

이제 동시에 모든 네트워크 플레이어들을 과거로 되감고 원상복구할 수 있게 됐다.

마지막으로, 발사 전에 이런 되감기를 수행하도록 무기 스크립트를 수정해 보자.

```
[RPC]
void Fire( NetworkMessageInfo info )
{
  // 이 코드는 서버나 호스트가 아닌 기기에서는 절대로 실행되지 말아야 한다
  if( !Network.isServer )
    return;

  // 우선, 이 메시지의 송신 시점에 있었던 위치로 모든 개체들을 되돌린다
  NetworkPlayer.RewindAll( info.timestamp );

  // 명중 탐지를 수행한다
  RaycastHit hit;
  if( Physics.Raycast( transform.position, transform.forward, out
    hit, 100f, HitLayers ) )
  {
    // 오브젝트에 대한 스크립트가 데미지 피해를 처리하게 한다
    hit.collider.SendMessage( "TakeDamage", Damage,
      SendMessageOptions.DontRequireReceiver );
  }

  // 모든 개체들을 현재 상태로 원상 복구한다
  NetworkPlayer.RestoreAll();
}
```

이로써, 완전한 기능을 갖춘 서버 사이드 명중 탐지 솔루션이 완성됐다. 이 기법을 이전 장에서 논의한 기법들과 결합시키면, 신뢰성 있고 해킹 우려가 없는 멀티플레이어 게임을 만들 수 있다.

요약

이번 장에서는 클라이언트 사이드 명중 탐지의 해킹이 왜 그토록 쉬운지 알아봤다. 그리고, 랙을 보정하기 위해 플레이어가 표적을 예측해야 하는 경우를 살펴봤다. 이어서 명중 탐지 수행 전에 잠재적인 표적을 되감는 기능을 통해 플레이어가 생각한 대로 바로 표적을 겨냥할 수 있게 함으로써, 이 문제를 완화시키는 방법을 배웠다.

이 기법들과 이전 장에서 논의한 서버 사이드 이동 코드를 위한 기법을 결합시킨다면, 거의 해킹 우려가 없는 멀티플레이어 게임을 만들 수 있는 만반의 준비가 된 것이며, 이런 게임은 전반적인 플레이어 경험을 증진시켜줄 것이다.

찾아보기

에이콘출판의 기틀을 마련하신 故 정완재 선생님 (1935-2004)

멀티플레이 게임 제작을 위한
유니티 네트워크 게임 만들기

인 쇄 | 2015년 7월 17일
발 행 | 2015년 7월 24일

지은이 | 앨런 스태그너
옮긴이 | 박 지 유

펴낸이 | 권 성 준
엮은이 | 김 희 정
　　　　오 원 영
표지 디자인 | 한국어판_이승미
본문 디자인 | 선우숙영

인 쇄 | 한일미디어
용 지 | 한승지류유통

에이콘출판주식회사
경기도 의왕시 계원대학로 38 (내손동 757-3) (437-836)
전화 02-2653-7600, 팩스 02-2653-0433
www.acornpub.co.kr / editor@acornpub.co.kr

이 도서의 국립중앙도서관 출판시도서목록(CIP)은 서지정보유통지원시스템 홈페이지(http://seoji.nl.go.kr)와
국가자료공동목록시스템(http://www.nl.go.kr/kolisnet)에서 이용하실 수 있습니다.(CIP제어번호: CIP2015019483)

책값은 뒤표지에 있습니다.